培养最棒男孩全集

翟晓斐 | 编著

1~16岁男孩
家庭教育必备指南

内蒙古出版集团　远方出版社

图书在版编目（CIP）数据

培养最棒男孩全集/翟晓斐编著.--呼和浩特:远方出版社,2014.1

ISBN 978-7-5555-0052-0

Ⅰ.①培… Ⅱ.①翟… Ⅲ.①男性-家庭教育 Ⅳ.①G78

中国版本图书馆CIP数据核字(2013)第293797号

培养最棒男孩全集

作　　者	翟晓斐
责任编辑	刘卫伟
装帧设计	柏拉图创意机构
出版发行	内蒙古出版集团　远方出版社
社　　址	呼和浩特市乌兰察布东路666号
	（电话：0471-2236466 邮编：010010）
经　　销	新华书店
印　　刷	北京毅峰迅捷印刷有限公司
开　　本	710mm×1000mm　　1/16
字　　数	237千
印　　张	16
版　　次	2014年3月　第1版
印　　次	2014年3月　第1次印刷
标准书号	ISBN 978-7-5555-0052-0
定　　价	29.80元

如发现印装质量问题，请与出版社联系调换。

一个优秀的男孩是上天赐予每一对父母的最高贵的礼物,他是父母生命的延续,是父母的希望。为了让自己的孩子聪明活泼、可爱懂事,将来成为一位对社会有用的人。父母总是尽己所能地给孩子提供温暖的衣服,可口的食物,无私的爱。可以说,每一个孩子身上都倾注着父母的心血。

只有工匠的耐心打磨才有精良的美玉,只有园丁的辛勤栽培才有美丽的鲜花。同样,要想让孩子成为一个最棒的男孩,需要父母用心呵护和努力培养。爱尔维修说过:"即使是最普通的孩子,只要教育得法,也会成为不平凡的人!"爱因斯坦也曾经说过:"孩子生来都是天才,往往在他们求知的岁月中,是错误的教育方法扼杀了他们的天才。"从他们的话中不难看出,要想培养出最棒最优秀的男孩,只会爱孩子是不够的,还需要有正确的教育方法。

父母在培养男孩的过程中,不但要给孩子创造良好的成长环境,更要对其进行适当的启蒙教育。只有这样,孩子才能少走弯路,获得快乐幸福的人生。然而,父母也要明白,你们培养的是个男孩,不是机器,单调机械的训练并不能使孩子得到全面提高,而应该讲究方式方法,给孩子一定的自由发展的空间,并根据孩子的爱好来发展其特长,最大限度地挖掘孩子的潜能。

本书从不同角度全面剖析了男孩的成长问题，根据真实的事例总结成了简明的理论，分别从培养男孩的聪明智慧、塑造男孩的良好性格、培养男孩的健康心态、培养男孩的良好习惯、挖掘男孩的学习天赋、培养男孩的社交能力、培养男孩的财富观念、增强男孩的优良体质、与男孩进行有效的沟通交流以及教育男孩正确应对挫折10个方面展开分析，让父母在感同身受中获得良好的教子方法。

最后，衷心希望本书能够成为父母们培养聪明男孩的良师益友。鉴于编者的水平有限，书中不成熟之处恳请读者朋友给予批评指正并提出宝贵意见和建议！

培养最棒
男孩全集

目录 CONTENTS

第一章　培养男孩的聪明智慧

男孩成才需要好的环境　/ 002

培养男孩要依个性而行　/ 004

要锻炼男孩的动手能力　/ 006

不要取笑小男孩的理想　/ 008

正确对待男孩的好奇心　/ 011

多给男孩传递正面信息　/ 013

发现并鼓励男孩的天赋　/ 015

第二章　塑造男孩的良好性格

培养男孩活泼开朗的性格　/ 020

培养男孩敢于冒险的精神　/ 023

时常赞美助男孩克服自卑　/ 025

杜绝打骂让男孩远离懦弱　/ 027

适当打击让男孩克服自负　/ 029

适时交际让男孩走出孤僻　/ 031

服从意识让男孩改掉任性　/ 034

杜绝依赖让男孩真正成长　/ 036

克服浮躁让男孩不再盲目　/ 038

战胜忧郁为男孩找回快乐　/ 040

第三章　培养男孩的健康心态

好心态能为男孩带来成功　/ 044

积极乐观让男孩充满阳光　/ 047

宽容待人是男孩的必修课　/ 049

拥有好心态的男孩不怕输　/ 052

正确疏导助男孩克服嫉妒　/ 054

潜移默化让男孩不再消极　/ 056

从容淡定让男孩百折不挠　/ 057

磨炼耐心助男孩走向成功　/ 059

自信不疑让男孩永不退缩　/ 062

循循善诱让男孩消除攀比　/ 065

善用好胜让男孩积极上进　/ 067

第四章　培养男孩的良好习惯

惜时的男孩做事更讲效率　/ 070

思考让男孩的思维更敏捷　/ 072

让男孩学会自己当家作主　/ 074

让男孩养成讲卫生的习惯　/ 076

让男孩做事有计划有条理　/ 079

培养男孩勤俭节约的意识　/ 080

打造热爱劳动的勤奋少年 / 083

培养男孩善于观察的习惯 / 085

做事细心让男孩杜绝马虎 / 088

让男孩克服拖拉的坏习惯 / 091

第五章 挖掘男孩的学习天赋

巧妙引导让男孩爱上学习 / 094

有效训练让男孩记忆超群 / 096

设法消除男孩的厌学心理 / 101

挖掘乐趣让男孩学好英语 / 105

善激发让男孩成数学高手 / 108

启发诱导让男孩发挥想象 / 111

制定目标促男孩不断努力 / 114

逐步改善助男孩集中精力 / 116

提高男孩的语言表达能力 / 119

激发培养男孩的创造能力 / 122

积极引导让男孩博览群书 / 125

第六章　培养男孩的社交能力

培养男孩与人合作的精神 / 128

培养男孩良好的交际能力 / 130

亲身示范让男孩学会谦让 / 132

适时鼓励让男孩学会分享 / 133

告诉男孩要懂得信任他人 / 135

引导男孩与异性正常交往 / 137

让男孩学会与人友好相处 / 139

第七章　培养男孩的财富观念

让男孩树立正确的金钱观　/ 142

让男孩学会花钱善于理财　/ 144

用生活细节进行理财教育　/ 146

增强自控助男孩抵制诱惑　/ 150

教给男孩一些省钱的技巧　/ 153

让男孩不再习惯钱来伸手　/ 155

让男孩学会控制消费冲动　/ 159

培养男孩的储蓄投资能力　/ 161

第八章　增强男孩的身体素质

避免男孩长时间玩电脑　/ 164

引导男孩积极参加锻炼　/ 166

适当劳动让男孩更快乐　/ 168

矫正生活中的不良姿势　/ 171

男孩厌食应该对症下药　/ 172

及时扼制男孩营养不良　/ 175

男孩的营养要均衡调配　/ 179

给男孩的大脑补足营养　/ 181

保证男孩有充足的睡眠　/ 184

第九章　如何说男孩才会听

与男孩无效的沟通方式　/ 188

给予男孩充分的发言权　/ 192

说话时注意男孩的立场　/ 194

谈话前摸清男孩的想法　/ 196

学会耐心倾听他的声音　/ 198

尝试多渠道与男孩沟通　/ 202

谈话时要用商量的语气　/ 206

沟通的时间地点有讲究 / 210

沟通须打破双方的障碍 / 211

蹲下身子与男孩谈谈心 / 214

运用非语言沟通更有效 / 218

第十章 重视男孩的挫折教育

男孩切不可娇生惯养 / 222

每个男孩都需要磨炼 / 224

面对挫折要坚持到底 / 226

让男孩不被失败击倒 / 228

教男孩理性面对挫折 / 230

让男孩变得愈挫愈勇 / 233

直面挫折不放弃希望 / 235

第一章 培养男孩的聪明智慧

每个孩子生来都是非常聪明可爱的,但随着各自的成长,他们有的聪慧优秀,也有的自卑孤僻。这种差别,并不取决于父母的文化程度与职业,而在于父母对孩子的言传身教,正如爱因斯坦所说:"孩子生来都是天才,往往在他们求知的岁月中,是错误的教育方法扼杀了他们的天才。"所以,为了更好地引导孩子,每对父母都应该学习一些正确的教育方法。

男孩成才需要好的环境

瑞典教育家爱伦·凯指出：环境对一个人的成长起着非常重要的作用，良好的环境是孩子形成正确思想和优秀人格的基础。环境包括几个方面：家庭环境、学校环境、社会环境。而家庭环境是影响孩子成长的至关重要的因素。因为孩子从出生开始，最先接触的人是父母，最先生活的环境是家庭，家庭与一个人一生的成长有着密不可分的关系。良好的家庭物质环境和生活环境，有益于孩子精神品质的形成。

200年前，美国康乃狄克州有一位集哲学家、道德学家和神学家于一身的学者，他就是嘉纳塞·爱德华。直到现在，他的子孙已经繁衍了8代。其中，有13人成为了大学校长，100多人当了大学教授，20多人任上下两院的议员，14人组织创建了大学或专科的学校，80多人成为了文学家，一人做了大使，一人就任副总统，还有18人是报社、杂志社的负责人或者主编。

巧合的是，同样是在200年前，美国纽约有一个酒鬼赌徒叫做马克斯·朱克，如今他的子孙也已繁衍了8代。其中，有63人因偷盗、诈骗等被判刑，100多人成为了乞丐和流浪者，7人因为杀人被判处死刑，还有很多因喝酒死亡或成为残废的。

这两个鲜明的例子令人深思，它诠释了家庭环境对子女成长的重要性。学者的后代多数是有用之才，酒鬼的后代大多对社会造成危害，造成这种差别的原因可能有遗传基因的不同，但最重要的是两者的家庭教育环境有着天壤之别。生活在书香世家，会有一种浓郁的学习氛围，加上父母的言传身教，孩子的思维方式和习惯在很大程度上会潜移默化地受到影响。而酒鬼、赌徒生活散漫，又穷又懒，这种不良作风会影响到孩子，使孩子整天生活在吵嚷、暴力或者冷漠、绝望这样充满思想毒素的气氛中,怎么能够上进!

儿童在适应家庭环境的过程中,常以家长为最直接、最亲近的模仿对象,所以,家庭环境的好坏直接影响到儿童心理和行为的健康水平。良好的家庭环境,将促使孩子具有开朗大方、诚实好学等优秀品行;不良的家庭环境,则引导孩子具有懒惰放任、言语粗俗等不良品行。家庭可谓"人类性格的工厂",因此,在培养孩子的过程中,一定要营造一个良好的家庭环境来影响和塑造孩子的性格。

家庭教育的主要特征是言传身教、潜移默化。孩子的模仿性强,可塑性大,所以,父母的一举一动、一言一行都在悄悄地对孩子产生影响。孩子的动作、说话的语调、走路的姿态、性格和品德等等,都会带有父母的影子。如果父母下班回家后生活自由散漫,只顾吃喝玩乐,无疑会给孩子造成很大的负面影响。

家庭环境是孩子成长的土壤和乐园。父母可从以下几方面为孩子营造良好的家庭环境:

1. 创造民主的家庭氛围

现在的家庭关系应该是两代人平等相处、相互尊重的关系。作为父母,应该尊重孩子的人格、意见和行为,不能滥施威严,凌驾于孩子之上。同样,作为孩子,要善于表达自己的见解,在一定程度上参与家庭的决定。父母应该尽量体现民主、平等、宽容的风度和气质,只有这样,孩子的个性才能得到全面发展。

2. 创造互爱的家庭氛围

互爱的家庭氛围里培养出来的孩子懂得生活情趣,能积极进取、把握幸福,所以父母应该熏陶孩子爱亲人、爱生活,对未来充满希望。

生活中，很多父母十分疼爱孩子，却忽视了夫妻间的爱，没有体谅和关怀，没有甜言蜜语，不在孩子面前表现出亲昵的举动。其实这是一个误区，如果能让孩子感受到父母之间的爱，对其健康成长是非常有利的，如此，孩子就会明白幸福不是彼此冷漠，或者麻木地接受别人的关爱，只有互相关爱才是真正的幸福。如果父母之间没有爱，会慢慢影响孩子的心理，使他们将来对爱情和婚姻产生错误的看法。

另外，还有很多家长忽视培养孩子对父母的爱，要想更好地创造互爱的家庭氛围，应积极引导孩子以言语和行动来表达对父母的爱。

培养男孩要依个性而行

不同的孩子，有着不同的学习风格和学习水平，在这种情况下，因材施教，对孩子进行个性化教育就显得非常重要。

在决定对孩子的教育方法之前，父母应该先了解孩子的个性，具体问题具体分析，有针对性地培养孩子良好的学习习惯，使孩子发挥其独特的学习优势。切忌将孩子的优势当成了缺陷而将它磨灭掉，那样孩子将失去他原有的灵性，渐渐地，孩子学习的主动性将消失殆尽。

为了孩子得以健康、个性的发展，父母不妨按照孩子的个性来进行培养。具体如下：

1. 爱安静的孩子适宜学围棋

安静的孩子，特别喜欢比较，比如他能细心地发现奶奶包的饺子和妈妈包的不一样。所以，他有足够的兴趣一连几个小时快乐地摆弄拼图之类的玩具。

这类孩子总是不经意地去探索和寻找事物之间的联系，所以，父母应该着重培养他严谨和认真的个性，让他参加一些围棋、数学或科学实验等兴趣班。平时，如果孩子提出一些问题，应尽可能给出一个合情合理的答案。

2. 爱说话的孩子适宜学声乐

这类孩子对音乐的旋律较为敏感，常会"啊啊"地叫个不停，而且边叫边挥舞小手。有时听到电视里传来一段音乐，他们就会立即跟着唱起来。

在传统的教学模式中，老师们基本上是通过口授教学，爱说话的孩子的思维是由声音带动的，所以，这类教学对于听觉学习型的孩子是非常有益的，他们喜欢利用声音来学习，比较适宜学相声、声乐或钢琴。

专家给您支招

个性影响着一个人对客观事物的体会、行为习惯及模式，而人的许多个性化的东西都是取决于个性。不同的个性会带来不同的回应，进而影响整个人生的发展。因此，父母必须透视男孩的个性，依照男孩的个性实行个性化教育。具体来说，父母可以这样做：

1. 做到真正了解孩子

很多父母认为，只有学习成绩好的孩子将来才有出息。但是，如果孩子的学习成绩并不出色仍一味强迫孩子学习，结果也不会如愿。所以，在日常生活中，父母应该多多观察孩子，善于发现孩子的兴趣和天赋，着重培养孩子学业之外的能力，这样即使孩子的学习不是那么出类拔萃，也会大有出息。

2. 尊重孩子的身心发育规律

在孩子的成长过程中，最好让孩子置身于水平相当的学习氛围中，这样不仅能激发孩子的竞争意识，还能防止孩子因为同伴过于优秀而产生失落感。

如果对孩子太过严苛，强逼着孩子去学习奥数等超出自身能力的事情，很容易打击孩子的自信心，使其对学习产生畏惧心理。

要锻炼男孩的动手能力

常言道，"眼看千遍不如手过一遍"，手是人重要的感觉器官，动手能力和聪明程度有着很大的关系。通过手的活动，可以得到很多外部信息，这些信息能促使大脑积极活动，促进大脑的发育，使孩子更加机智聪明、心灵手巧。

所以，要想培养出优秀的孩子，实践的作用一定不能忽视。许多发明家、科学家都是通过艰苦的实践走上成功之路的。

爱迪生一生都在不停地动手实验。在火车上，吸烟室是他的实验室；当电报员时，值班室成了他的实验室；在家时，地窖又成了他的实验室。通过一次次的动手实验，他把设想变成了现实。

牛顿小时候对手工有着浓厚的兴趣，小四轮、水车、风车、水钟等都做得有模有样。他从小就表现出来的超强的动手能力，使他在日后的实验研究工作中如虎添翼。

斯蒂芬逊从最初的擦洗机器到制作模型，再加上推理想象，才设计出第一台蒸汽机车。

由此可以看出，只有从小培养孩子的动手能力，才有可能使孩子成为创造型人才。

不过，在现代的中国家庭，孩子动手的机会越来越少。小的时候，什么都不舍得让孩子做；孩子大了，忙于功课，也没时间培养与学习无关的动手能力，于是，孩子失去了一次次动手的机会。从表面上看，父母这种一切包办代理的行为是对孩子的关爱与保护，殊不知这种过分的保护却让孩子失去了锻炼的机会,造成孩子能力低下、性格怯懦,智力发展也受到阻碍。为此,父母要注重从小培养男孩的动手能力,却不可过分关心孩子,大包大揽。

  专家给您支招

为了更好地培养孩子的动手能力,父母可以让孩子经常做一些动手又动脑的力所能及的事,以促进其智力、能力、体力、能力,以及情绪、性格等方面的发展。

具体来说,父母可以这样做:

1. 大胆放手让孩子锻炼

在培养孩子动手能力的过程中,父母应该摆正态度,不要对孩子百般呵护、束缚过多,而要大胆放手让孩子主动活动、自由活动。有些家长为了不让孩子把家里弄得很乱,限制孩子动手制作东西或玩操作性游戏,这很不利于培养孩子的动手能力。

正确的做法是给孩子提要求,而不是去限制他。比如孩子玩拼插玩具时,要求他玩完后,装好玩具材料,放回原处;玩剪纸时,要求他事后清扫干净。这样,既满足了孩子动手的需要,又培养了孩子干净整洁的良好习惯。

2. 给孩子准备一个工具箱

父母可以给孩子准备一个装有尺子、小螺丝刀、小剪刀、针线等的工具箱,让孩子修理自己的一些旧玩具。这样,不仅可以培养孩子的动手能力,掌握技能,同时也可以让孩子体会到父母劳动的艰苦性,培养其勤俭节约的意识。

不要取笑小男孩的理想

在教育过程中,有些父母认为孩子的理想荒诞不经、不切实际,从而不把孩子的理想放在心上;有些父母还对孩子的理想大肆嘲笑,横加打击。其实,孩子自己对理想往往是非常执著的,即使是长大以后,经历了许多风风雨雨,他们还是会记得自己当初的那个理想。

孩子的理想就是他生活的动力和希望,也许有些孩子的理想比较渺小,有些比较远大,无论如何,每个孩子的理想都应该受到尊重,都应该得到鼓励与支持。

有个小男孩考试得了第一名,老师把一本《世界地图》奖励给他。他特别高兴,放学就跑回家,开始研究这本《世界地图》。

他边烧洗澡水,边在炉边看地图,当他看到地图上的埃及时,心中突然产生了一个念头——去埃及。

他想象着埃及的一切:埃及艳后、尼罗河、金字塔、法老王,还有很多神秘的东西……

他沉浸于自己的想象之中,结果忘记了添柴。

当他正入神的时候,浴室里突然闪出一个人影,对他大声喊道:"你在干什么?"

他抬头一看,是爸爸,他兴奋地说:"我在看地图!"

爸爸生气地说:"看什么地图,炉火都灭了!"

小男孩委屈地说:"我在看埃及的地图。"

爸爸跑过来打了他两个耳光,并大声呵斥道:"赶快去生火!看地图能生火吗?"

小男孩忍着痛，仍然倔强地说："我就是要去埃及！"

爸爸一气之下把他踢到了火炉旁边，然后很严肃地对他说："你这辈子都不可能到那么遥远的地方去，我跟你保证！赶快生火。"

小男孩呆住了，看着爸爸异常严峻的脸，心想："我这一生真的不可能去埃及吗？爸爸怎么能给我这么奇怪的保证？"

不，长大以后我一定要去埃及！小男孩暗自下定了决心。

20年后，当年的小男孩长大了，成了一个成功的大老板。第一次出国他就选择了去埃及，朋友们都问他："埃及的生活条件不好，也没有开放观光，你为什么要去那里？"

他郑重其事地说："我不愿我的生命被保证。"

当他站在埃及的土地上，看到那一座座金字塔的时候，脑海里立刻回想起了20年前的地图和父亲的训斥，于是买了张明信片写信给爸爸。

他在明信片中写道："亲爱的爸爸，还记得小时候你打我两个耳光踢我一脚并保证我不可能到埃及来吗？我现在就坐在埃及给你写信。"

由此我们可以发现：没有人能够预知一个人的未来，一个人的理想不需要别人的保证，父母应该对孩子的理想给予充分的支持与鼓励。

 专家给您支招

梦想对孩子的成长具有巨大的指引和激励作用，它可以转化为信念、追求，可以转化为人生目标，成为催人奋进的力量。没有梦想的孩子是没有未来的，也不可能有什么作为。因此，父母要悉心保护孩子的梦想，并因势利导，结合现实情况，引导孩子把梦想转化为有可能实现的理想。

1. 精心培养孩子的"理想之苗"

对孩子的理想，父母采取不理不睬或者拔苗助长的做法都是错误的。如果父母用这样的态度来对待孩子的理想之苗，那么，也许孩子永远也不可能树立稳固的理想。正确的做法是鼓励孩子树立理想，并为理想而努力。父母要从实际出发，分析孩子的性格、兴趣、能力等各方面，引导孩子清晰自己的想法，帮助孩子分析怎样才能达成心愿。总之，对孩子的理想之苗，要一点点地培养扶持，细心浇灌滋润。

2. 尊重孩子的理想，并给孩子最后的决定权

对孩子理想真正的支持，应该建立在对孩子的充分理解和尊重的基础之上，以孩子的心理准备和接受能力为前提，进行适当的启发和引导，不要说教，不要命令，更不要趁机提条件。即使孩子的理想与父母的意愿产生了很大偏差，也要平静地与孩子沟通。

也许孩子对自己的未来有着或清晰或朦胧的想法，也许孩子的梦想是多变的，父母要引导孩子说出来，并与其一起反复讨论，使孩子的想法逐步成熟。在尊重孩子理想和追求的基础上，通过充分的商量和探讨，让孩子充分理解父母的想法，再把决定权交给孩子。

3. 对孩子的要求不可过高

在尊重孩子的理想和追求的时候，父母还要注意一些问题：不要在孩子建立理想初期就给其过多的压力和警示，否则很可能会打击孩子的积极性，使孩子轻易放弃自己的理想。

4. 父母给孩子树立好榜样

如果孩子有了心目中的榜样，对其树立和实现奋斗目标大有益处。需要注意的是，父母切不可急于求成，不能因为孩子的表现不尽人意就批评指责，打击孩子的积极性；相反，父母要多加鼓励和引导，帮助孩子重新调整。

正确对待男孩的好奇心

孩子的好奇心和求知欲，是奠定其未来事业成功的重要基础之一。学龄早期是孩子的思维由形象向抽象发展的重要时期，它不但要求儿童在注意力、想象力、观察力、记忆力等方面有一个大的飞跃，而且也需要良好的思维品质，比如记忆的持久性、观察的敏锐性、注意力的广度和深度等。父母对孩子的这种举动，一定要认真对待，尽可能保护孩子求知探索的心理，千万不可采取粗暴的态度去遏制。

有些父母喜欢听话的孩子，就束缚他们的手脚，用自己的想法约束孩子的行为，殊不知这样会使孩子不敢挑战新事物，无法走向成熟。

为了培养孩子的创造能力，父母还应该具备一定的观察能力，发现、挖掘孩子宝贵的好奇心。

亮亮今年6岁，聪明伶俐，求知欲极强，对所有事物都怀有强烈的好奇心。

一个星期天的早晨，亮亮自己在客厅里玩耍，爸爸在书房看报纸，妈妈在厨房做早餐。无聊之际，他的目光突然转到了一个会说话的洋娃娃身上，他想知道洋娃娃身上有什么奥秘，于是，他迅速地拆开了，结果再也装不上去了。

这时，妈妈恰好从厨房走出来，看见昨天新给亮亮买的玩具被大卸八块时，十分生气地对儿子说："你太顽皮了！这可是爸爸昨天才送给你的生日礼物，今天就成这样了，等会儿看爸爸怎么教训你。"

儿童为什么那么喜欢损坏自己的玩具呢？他们是天生的破坏者吗？意大

利著名教育家蒙台梭利说:"这是因为他想知道这件东西的构造,他在寻找玩具里面是否有有趣的东西,因为从外观上玩具没有一点使他感兴趣的地方。"这就告诉了我们为什么孩子喜欢拆卸玩具,他们对未知领域感到十分新奇,有强烈的研究问题的欲望。

传统的父母一见到孩子拆分玩具,第一反应往往是批评、呵斥,甚至打骂孩子,但这种行为严重地扼杀了孩子探索未知世界的信心,当他们的好奇心逐渐受挫时,就会渐渐地失去先天具有的天才创造力,从而变得规规矩矩、老老实实。

 专家给您支招

好奇心是孩子进步的原动力,父母应该保护好孩子的好奇心,在求知的路上鼓励他们,以便他们能更好地获取知识。

那么,父母应该如何真正珍惜孩子的好奇心呢?下面是专家提出的几点建议:

1. 支持孩子对周围环境的探索性行为

有关专家认为,孩子在婴幼儿时期探索周围环境时,如果受到阻拦或是挫折,会对孩子产生负面影响,束缚他们的学习劲头,使其长大后过于顺从、听天由命,所以,父母对于孩子的种种好奇行为应该给予支持。

2. 因材施教,寻找拓宽孩子好奇心的方法

有的孩子比较内敛,容易隐藏自己的好奇心,为了更好地开拓孩子的好奇心,父母可以带孩子去他们喜欢的地方,比如动物园、博物馆、游乐园、美术馆等等,释放他们的天性,激发他们的好奇心,也能培养孩子创造精神的良好家园。

好奇心是孩子认识世界、创造世界的精神动力,也是孩子成长的第一步,值得每位家长去珍惜。好动也是孩子的天性,在这种天性中肯定会有危

险，如果父母为了避免危险的存在，处处干涉孩子的行为，限制孩子的自由，不仅会使孩子的智力发育被禁锢，还会使孩子个性的发展被束缚。

所以，当孩子对新事物表现出好奇心时，父母应该加以正确引导，尽量让他们自己去发现答案，这样才能保护孩子的好奇心。

多给男孩传递正面信息

生活中，父母们比较喜欢将孩子进行比较，还总是拿自己孩子的短处和其他孩子的长处进行比较，这样一来，有些父母就会怀疑自己的孩子不如别人家的孩子聪明。

其实，这不是孩子聪不聪明的问题，而是父母的观念问题，他们一味地盯着孩子的弱点，自己感觉自己的孩子一无是处。

叶圣陶说："如果一味地强调孩子的弱点，那么这个弱点就将伴随孩子的一生。"这就是心理上的自我暗示，人的自我意识会控制着人的行为、感情、才能，你把自己想象成什么类型的人，你就会按照那种人的行为处世方法行事，所以不能让孩子有不好的心理暗示，导致孩子自我归类，最终走上失败。

有的父母认为有压力才有动力，所以喜欢说一些"反话"去激励孩子。比如，想让孩子更加细心，就说孩子很粗心；想让孩子变得聪明，就刺激孩子说孩子很笨；想让孩子变得勇敢，就说孩子胆小；希望孩子进步快，就唠叨说孩子进步慢。

在这种父母眼中，"优点不说少不了，缺点不说不得了"，殊不知这样做不仅伤害了孩子的自尊心，还强化了孩子的缺点，所以，父母应该改变观念，"优点不说不得了，缺点少说逐渐少"，多夸奖孩子，给孩子多一点信心。

青春期的男孩更需要得到父母的鼓励。他们正处于自我意识模糊的状态，虽然发现了一个独立的自我，但又对自己的未来很茫然，内心极度想要独立，展示自己，但又缺乏对一些事件的处理能力，这个时期的男孩内心矛盾，情绪不稳定，这时，如果父母能对他加以鼓励，多向他传递一些正面的信息，会使男孩感受到家庭的温暖，使其身心都朝着健康的方向发展。

男孩外表虽然粗枝大叶，但他们的内心很敏感，尤其对负面信息十分敏感，父母的不重视将使他们失去与孩子进行沟通的机会。所以，父母应该深入了解男孩的内心世界，让男孩在赏识和赞美中成长。

有一个学习成绩差的学生，想去某学校上学，于是向该校长求情。

校长问他："你经济学好吗？"孩子摇摇头。"数学怎么样？"孩子仍然摇头。"那化学、物理呢？"孩子低下了头。

校长看着眼前这个自卑的男孩，非常无奈地说："那你把名字留下来吧。"

孩子写下了自己的名字，羞愧地正想要离开，却被校长叫住了："孩子，太棒了，你的字相当漂亮，这是相当大的优点！"

被表扬后的孩子非常开心，自己也感觉这个优点很棒，于是，孩子有了足够的信心，同时这个优点也在孩子的心中逐渐被放大，后来他写出了许多名震天下的作品。这个男孩就是法国著名作家大仲马。

孩子在成长的过程中，肯定会有很多毛病，但作为家长，应该多注意孩子的优点，给孩子表扬和鼓励，让孩子的内心充满自信，感受到温暖，有了自信，才能有更大的发展可能。

父母多向孩子传递一些正面信息，让孩子多多地受到表扬，是家庭教育中比较重要的方法之一。每个孩子都需要不断的鼓励才能获得自信、勇气和上进心，这就像植物必须每天浇水才能生存一样。

那么，日常生活中，父母应该如何向孩子传递正面信息呢？

1. 注意自己对孩子的评价

孩子的自信心很大程度上来源于父母对其积极的评价和鼓励。为了让孩子树立一个积极正面的自我形象，父母要特别注意自己对孩子的评价。

2. 多给予孩子正面的肯定

很多父母为了防止孩子产生骄傲情绪，故意轻视、贬低孩子的能力，这也是一种"精神惩罚"的表现。它会使孩子看不到自己的长处，从而萌生自卑意识，出现很多心理行为障碍，比如缺乏爱心、自我否定等心理疾病。所以，父母应该多给予孩子正面的肯定，让孩子看到自己的优点。

发现并鼓励男孩的天赋

每个孩子都是一个小天使，下凡的时候就把翅膀藏起来了，化成了他们的天赋，所以每个孩子都是特别的，都有才能等待被发掘，这就需要父母在平时应当多注意观察自己的孩子有哪些天赋，并充分地利用这些潜在天赋进行适时的培养和教育，充分发挥其所长。

然而，在现实生活中，我们总会听到这类感叹："我的孩子真笨啊，一点特长也没有。"其实，不论什么样的孩子，都有其特殊的地方。

比如，20世纪90年代初，在魔方颇为流行时，就有一位意大利籍的弱智孩子，能在26秒内将魔方转成六面同色，显示出不同寻常的智慧；曾到中国访问的一级残障者肯尼，虽然不便于行走，但却能溜滑板及骑摩托车；爱迪生，这位曾被誉为IQ零的孩子，最后居然成为举世闻名的大发明家。

这些事例都说明了一个事实：每个孩子都是好样的，都拥有自己的某项天赋，只要父母能够发掘孩子某方面的优势，并鼓励孩子往这方面发展，他们便将大有可为。一个孩子可能学习成绩并不突出，但却具有音乐天分，这时父母若能够让他学习音乐，他就有可能在音乐方面出人头地；一个孩子可能不擅长绘画，但却热爱拆卸玩具，此刻父母与其要求他当画家，不如鼓励他学习机械修理技巧。

居里夫人有两个女儿：伊蕾娜·居里和艾芙·居里。居里夫人的家教观是：发掘女儿的某种天赋领域的创造力，而不是死记硬背只会考100分的死知识。

早在女儿们牙牙学语时，居里夫人就开始对她们的某种天赋进行发掘，她在笔记本上写道："伊蕾娜在数学上聪颖，艾芙在音乐上早慧。"当女儿刚上小学时，她就让她们每天放学后在家里再参加一个小时的智力活动，以便进一步发掘其天赋才能。当她们进入塞维尼埃中学后，居里夫人让她们每天补习一节"特殊教育课"：或由让·佩韩教她们化学，或由保罗·郎之万教数学，或由沙瓦纳夫教文学和历史，或由雕刻家马柯鲁教雕塑和绘画，或由穆勒教授教外语和自然科学。

每星期四下午，由居里夫人亲自教两个女儿物理学。经过两年的特殊教育后，居里夫人觉得，伊蕾娜性格文静、专注，迷恋化学并立志要当科学家研究镭，这些正是科学家所具备的素质。而艾芙生性活泼，充满梦幻，居里夫人便先让她学医，再引导她研究镭，又激励她从事自然科学，可艾芙对科学不感兴趣。经多次观察，居里夫人才发现艾芙的天赋是文艺。

这种不断发掘孩子天赋的家教观念，指导着居里夫人通过成功的家教使女儿伊蕾娜·居里因"新放射性元素的合成"而获1939年诺贝尔化学奖，也使艾芙·居里成为一位优秀的音乐教育家和传记文学作家。

毋庸置疑，每个孩子都有自己的天赋。但是，从居里夫人对女儿的教育过程中，我们不难发现，虽然孩子的天赋与生俱来，但还需要靠家长及时发现，适时挖掘。

专家给您支招

国家二级心理咨询师王建蓉指出:"孩子们需要肯定的声音,父母对孩子正确的鼓励和表扬会让孩子更加自信、更有积极性。"如果担心过多的表扬会让孩子骄傲,那么,父母就要多花些心思用一些技巧,善于发现孩子身上的闪光点,挖掘出孩子的天赋,这样更容易帮助男孩保持健康、积极的心态。

要做到及时发现孩子的天赋,并将其最大限度地挖掘出来,下面几个办法值得父母借鉴:

1. 欣赏孩子的与众不同之处

世界上没有两片完全相同的树叶,也不会有两个完全相同的孩子。每个孩子都有自身的特点,这些特点是孩子人格的一部分,简单的斥责和生硬的要求只会激起孩子的逆反心理,把他推向不健全人格的深渊。一旦发现孩子具有负面的性格特点,父母先要反省自己的教育方式,寻找孩子特殊性格中的积极因素,因势利导,有针对性地帮助孩子逐步纠正负面性格,使其逐渐成长为一个优秀的孩子。

2. 全面肯定孩子小小的优点

父母发自内心的赞扬是引导孩子一步步走向真善美的动力。如果父母总把眼光盯在孩子的过错上不放,就会心生焦虑,因而在对孩子的教育上缺乏耐心与信心,导致孩子往消极的方向发展。如果父母在纠正孩子捣乱等错误行为的同时,用心发现他身上的优点,细心捕捉他的每一点进步,及时加以肯定和鼓励,孩子就会逐步改掉不良习惯,强化身上的优秀品质。

3. 鼓励孩子自由探索、勇敢尝试

在适当的环境中,孩子会感到自由而快乐,感觉到父母的尊重与信赖。

虽然孩子不可能用语言表达，但他们会用欢乐给父母以最明显的回答。于是，孩子也就能在这种环境里自由探索、大胆尝试。不知不觉中，孩子的天赋就会得到很好地发挥。

4. 因材施教

每个孩子都是一个有潜能的个体，只有认识和了解孩子的智力结构特点，找出孩子在哪些方面存在天赋或潜能，给予适合自己孩子特点的教育和培养，因材施教，才能最大限度地挖掘孩子的潜能，养育一个成功的男孩。

5. 父母要协助而不是干涉

在孩子的成长过程中，孩子可能会做出一些父母意想不到的事情。遇到这种情况，父母不应出面干涉，而要尽量地帮助孩子寻找其合理性，并且加以良性引导。比如孩子热衷于某件事时，父母应放手让孩子自己去做，而不是越俎代庖，尽管这个时期孩子所做的事情可能是他力所不能及的，还可能是一种添乱的举动。当然，这不是主张对孩子放任自流，而是发挥孩子的主体作用，父母的责任是适时协助和指导。

第二章 塑造男孩的良好性格

性格是在社会生活实践中逐步形成的,一个人的一生能否成功,能否幸福,性格起着举足轻重的作用。所以,父母要想培养出杰出优秀的男孩,一定要从小注意对其良好性格的塑造!

培养男孩活泼开朗的性格

活泼开朗的性格是乐观主义的表现，是积极向上、充满朝气的心理品质的体现，是新一代创造型人才的性格特征。一个性格活泼开朗的孩子，对自己的能力充满信心，容易和周围的人友好相处，喜欢参加各种活动，对新鲜事物有着强烈的探索和挑战欲望，这对孩子的身心健康发展是极为有利的。

丹尼尔是独生子，从小生活在自由的天地里。每次放学后，丹尼尔会和小伙伴们一起在自己家的庭院里做游戏。因此，丹尼尔一直生活在阳光的世界里，不懂得什么是孤独、孤僻——他有太多朋友了，有邻居家的小女孩艾米丽，有在放学路上结识的汤姆，有住在另一个街区的麦克……

"丹尼尔，为什么你每天都那么开心呢？"邻居和客人们经常这样问他。丹尼尔开朗活泼的性格、阳光灿烂的笑容总能感染周围的人，把沉闷的气氛变得活跃起来。也正是这样的微笑最终成就了丹尼尔，使他获得了扮演哈利·波特的机会，并因此获得了一些口碑。

根据教育学家的研究，任何类型的性格都是靠后天培养的，而不是天生的。父母注重培养孩子活泼开朗的性格，将有利于孩子的成长、成功。因此，在孩子成长的道路上，父母不仅要用自身良好的性格去影响孩子，还要让孩子与同龄人、与外界多接触，这样对培养孩子的好性格大有益处。

要想培养出性格开朗活泼的男孩，父母可以这样做：

1. 教会孩子与他人融洽相处

和他人融洽相处者的内心世界一般都较为阳光美好,所以,父母不妨带孩子接触不同年龄、性格、职业、性别和社会地位的人,让他们学会与不同类型的人和谐相处。当然,孩子首先应该学会跟父母和自己的兄弟姐妹、亲戚朋友融洽相处。此外,父母自己应该做到与他人融洽相处、热情真诚,不势利卑下,不在背后议论别人,给孩子树立一个好的榜样。

2. 不要对孩子控制过严

作为父母,在教育孩子的过程中,肯定会很矛盾,对孩子既不能听之任之、不加管教,也不能控制过严,压制男孩天真烂漫的童心。这时,父母不妨给不同年龄阶段的孩子不同的选择权。只有从小就拥有选择权的孩子,才能真正感到快乐和自在。

3. 帮助孩子树立自信

自信对一个孩子形成快乐的性格十分重要,所以,对于因智力或能力有限而充满自卑的孩子,父母一定要善于发现并发掘他的长处,并审时度势地多作表扬和鼓励,来自父母和亲友的正面肯定将会给孩子带来无限的动力,有助于孩子克服自卑、树立自信。

4. 培养孩子广泛的爱好

一个孩子如果只有一种爱好,就很难保持长久的快乐感觉。试想,只爱看电视的孩子如果晚上没有合适的节目,必然会郁郁寡欢。相反,如果孩子看不成电视时爱读书、看报或做游戏,同样可以乐在其中。

5. 鼓励孩子多交朋友

不善交际的孩子大多性格内向、抑郁,因为时时可能遭受孤独的煎熬,享受不到友情的温暖。父母不妨鼓励孩子多交朋友,特别是性格活泼、乐观开朗的同龄朋友。

6. 引导孩子摆脱困境

即便是天性乐观的人也不可能事事称心如意,也不可能"永远快乐"。父母最好在孩子很小时就着意培养他们应对困境、逆境的能力。如果孩子一时还无法摆脱困境,可以教育孩子学会忍耐,或在逆境降临之时寻求另外的精神寄托,如参加运动、游戏、聊天等。

7. 创建快乐的家庭气氛

家庭的气氛,家庭成员之间的关系,在很大程度上会影响孩子性格的形成。研究表明,孩子在牙牙学语之前就能感觉到周围的情绪和氛围,尽管当时他还不能用语言来表达。不难想象,一个充满敌意甚至暴力的家庭,绝对培养不出开朗乐观的孩子。因此,父母务必为孩子营造一个快乐和谐的家庭氛围。

培养男孩敢于冒险的精神

　　灌木丛中跳跃觅食的鸟雀，永远无法知道展翅翱翔的雄鹰，为什么还会不畏艰险地搏击长空，缺乏冒险精神的人，也永远无法体会到追寻成功之人的豪情壮志。对于男孩，父母应注意培养其冒险精神，不要因为过多的禁止而抹杀孩子的冒险精神。

　　不可否认，冒险和安全是一对矛盾体，但家长也不能只顾安全而放弃所有的冒险精神，应对孩子多一些宽容，少一些挑剔，在自己的监护下尽量让孩子做一些可行的冒险性活动，从而促进孩子敢想、敢做、敢创造的精神。否则，孩子容易养成"我不会""我不敢"的心态，缺乏再尝试的勇气。

　　父母应该清楚，许多事情在成人看来是熟悉而正常的，但在孩子心目中却充满了新奇和刺激。孩子与成人对世界和社会的认知处于完全不同的两个层次。因此，父母在培养孩子的冒险精神时，应站在孩子的角度，琢磨清楚孩子的思维。比如：对于1岁左右刚学走路的孩子，父母要鼓励他独立前行。就算摔倒了，也要鼓励他自己爬起来继续前行；对于3岁左右上幼儿园的孩子，父母要鼓励他识路，帮助他了解一些交通规则，并在不很复杂的交通情况下，采取尾随的方式，让他独立去上幼儿园或到一定的目的地；同时，在有安全保障的前提下，鼓励孩子玩滑板、玩秋千。对于五六岁的孩子，在确保安全的前提下，父母要鼓励孩子学骑自行车、学游泳，还可以鼓励孩子到防空洞玩游戏。当然，在家庭经济条件、环境条件、社会条件以及孩子身体条件允许的情况下，也可以让孩子坐坐过山车，参加登山、漂流、滑雪和高台跳水等活动，让孩子感受一下刺激，使得他们的品格更坚强、更勇敢、更富冒险和探索的精神。

 专家给您支招

父母培养孩子敢于尝试的精神,应该做到以下几点:

1. 让孩子向自己挑战

生活中,卓有成就的人,通常热心于倾注精力完善和扩大自己取得的成果,而不是去打败竞争者。实际上,如果在竞争之前就担心对手的实力以及可能具有的特殊优势,就已经让自己在精神上吃了败仗。那些成功的人,往往能按自己的标准,全力以赴、满腔热情地去做力所能及的艰苦努力,他们倾向于依靠自己的努力,集中优势,挑战自己,增强自己适应环境的能力。所以,父母要积极培养孩子向自己挑战的精神,这有助于孩子克服缺点,养成良好的心态,从而不断取得新的进步。

2. 让孩子不要总是按计划行事

缺乏自信的人往往也缺乏安全感,凡事希望稳妥保险。但是,生活中很多时候是根本无法定出所谓清晰的计划的,有许多偶然的因素在发生作用。有条有理并不一定能给人带来幸福,偶然的机遇和奇特的直观感觉往往迸发出生活的火花,只有努力捕捉并欣赏这些转瞬即逝的火花,生活才能变得生机勃勃,富有活力。因此,父母要积极培养孩子适应环境变化的能力。

3. 让孩子积极尝试新事物

生活中,单调、无聊、重复而产生的寂寞会逐渐腐蚀人的心灵。相反,消除掉单调的常规因素倒会使人避免精神崩溃。积极尝试新事物,能使灰心失望、一蹶不振的人重新恢复生活的勇气,重拾生活的希望。孩子也是一样,对此,父母应该让孩子积极尝试新事物,使孩子多一些好奇感、新鲜感,增强他对生活的热爱。

时常赞美助男孩克服自卑

自卑感是个体对自己能力和品质评价偏低的一种消极情感，它的产生，往往并非认识上的不同，而是在感觉上有差异。自卑的人不喜欢用现实的标准或尺度来衡量自己，而是相信或假定自己应该达到某种标准或尺度。

自卑这种对自己进行消极评价与认识的心态，在心理学上，属于性格的一种缺陷。男孩子一旦有了强烈的自卑心理就会造成很大的压力，这时，如何排解压力就成了大问题。

王柯是一名初一学生，母亲带他进行心理咨询，问题主要是性格内向，学习成绩较差，不善于与同学交往；还有一个大问题，就是做事总是慢半拍，还有些强迫性行为，比如在家时经常无故撕纸片、吐口水等。随着交谈的深入，心理医生了解到，因为爸爸妈妈工作繁忙没空照顾他，王柯从小就感受到了孤单孤独，致使学习成绩不好，但爸爸每次都是黑着脸逼问他的考试成绩，所以他很害怕回家，也从不在班上发言，跟同学聊天也没人理他。强烈的自卑感使他十分苦恼，感觉自己是这个世界上可有可无的人。

青春期是人的第二次诞生，也是塑造男孩个性的一个关键时期。自卑引起心理压力和紧张，激起逃避或退缩反应，导致焦虑，抑制自信，成为良好性格形成的内在阻碍力。自卑会迷茫孩子的双眼，使孩子看不清楚自己的能力。克服自卑就应该树立信心，不断尝试新事物，也许改变就在下一次。

自信是消除自卑心理的最根本的动力。家长应该教育孩子不要害怕失

败，失败是难免的，要想到"胜败乃兵家常事"，"失败是成功之母"，帮助孩子积极分析失败的原因，让孩子相信自己的能力和毅力，相信自己能够战胜困难，走向成功。以下是父母可以采用的三个方法：

1. 提高自信心

父母应该引导孩子正确认识自己，鼓励孩子发现自己的特长，积极参加有利于发展特长的活动，利用自己的优势尽可能多干出点成绩，不断巩固和增强孩子的自信心。父母还应该让孩子明白，只要你不承认自己有自卑感，谁也无法使你自卑。别人的讥笑、贬低往往是因为你的优秀。

2. 保持心理平衡

父母要告诉自卑的男孩，平时要积极地表扬自己，多以己之长来比他人之短；遇到挫折千万不能泄气，不要认为"我不行"，而要呈现出自信的姿态："我一定能成功，再来一次。"这种自我激励与暗示，可以让孩子通过勤学苦练逐渐缩小与别人的差距，甚至赶上或超过别人。

3. 选择合适的好方法

不同的人适合不同的方法，父母应该吸取"东施效颦"的教训，根据孩子的特殊情况选择一些实用有效的方法，才能收到事半功倍的效果。

杜绝打骂让男孩远离懦弱

刚吃过晚饭的张女士站在阳台上乘凉，忽然听到了孩子的哭泣声，她循声望去，看见草地上有一位爸爸正在打一个5岁左右的小男孩，嘴里一直骂着："跟你说了多少次了你都记不住，我让你不听话，让你不听话！"

看情况应该是小男孩做错了什么事或不听话惹恼了爸爸。爸爸边打边骂，小男孩则一直拽住爸爸的衣服哭喊着："爸爸求求你，求求你不要打了！疼！"可爸爸有点失去理智了，越打越来劲，最后竟然把小男孩抱起来扔在草地上说："我现在不要你了，你妈妈也不要你了，你自己看着办吧！"然后爸爸转身就要回家。

这时，小男孩不顾身上的伤痛，爬起来就去追爸爸，追到后扯住爸爸的衣襟哭着说："爸爸，我也想要回家。"最后不知道那位爸爸是折腾累了，还是被儿子感动了，终于拉着小男孩的手回家了。

天下父母都是望子成龙的，但是，无数的事实证明，任何一个孩子的成功都绝不是因为父母的打骂。可以这样说，没有一个孩子是在父母的打骂中成才的。以打施教的教育方式也许会起一点作用，但那都是暂时的，不会持久。不打骂一样可以让男孩优秀，而且，打骂孩子是对他权利的侵犯，不利于孩子的健康成长，容易造成孩子性格懦弱、胆小怕事，做什么事情都是"怕"字当头，这也怕，那也怕，缺少男孩应该有的霸气与魄力。

为了消除"怕"字，父母应该鼓励孩子大胆显示自己，摆脱懦弱，反复实践，让孩子在实践中培养坚强的性格。培养孩子的性格要从点点滴滴做起，无论遇到什么事情都要鼓励孩子不甘示弱的精神。

专家给您支招

生活中，我们总会遇到很多思维和智力都很好的男孩，令人遗憾的是，他们当中有不少胆小怕事、性格怯懦，害怕与人共处、遇事不敢与人竞争，常常希望得到别人的帮助，社会适应能力不强，他们的聪明智慧，因此往往得不到正常的发挥与发展，各方面的成绩自然也就不那么尽如人意。这都是懦弱惹的祸。那么，父母应该如何帮助性格怯懦的男孩呢？

1. 鼓励孩子独立生活，大胆做事

性格内向的男孩与不熟悉的人打交道时，会有一种潜意识的惧怕感，所以他们只想和自己熟悉的人相处。针对这类孩子，父母应该重点培养其处世待人的能力。遇到困难时，父母可以给予适当的帮助、指导、鼓励，如果孩子成功完成一项任务，父母千万不要吝惜自己的赞赏，应立即表扬，让孩子树立信心。为了让孩子有更好的发展，父母可以和老师沟通，让孩子担任某个班干部，以提高其交际、处世能力。

2. 鼓励孩子不怕陌生，大胆说话

性格懦弱的孩子，在陌生人面前，尤其是在大庭广众之中，大多不喜欢说话，更不善于争辩。对于这样的男孩，父母应该努力为他创造大胆讲话的机会。同时，父母还可以为孩子创造更多独立思考、表达自己意见的机会，比如，在生活中，多问孩子："你看怎么办？"如果孩子说得对，应该立即给以赞赏和鼓励，使孩子获得自信；如果说得不是很对，或表达得不是很确切，也千万不要责怪孩子，不要让他感到难为情。

3. 鼓励孩子接触外界，走向社会

过分保护或过分严格的家庭教育都是不可取的，父母要努力为孩子创造外出活动及与人交往的机会，比如经常带孩子到公园或公共场所去，让他与外界接触，认识社会，从而更好地适应社会。父母还应该经常带他走亲访友，去各地旅游，开阔他的视野，丰富他的知识，同时还要鼓励孩子多与小朋友一起游戏玩耍，增强他与外界交流的能力。

适当打击让男孩克服自负

自卑是性格缺陷的一种表现，同样，自负也是一种性格缺陷。产生自负的原因有很多，从家庭方面来说，大多来自父母对孩子过分宠爱，不能给孩子正确客观的评价。

所有父母都希望孩子学习好、能力强，有时为了保持孩子的上进心，会夸张地给予孩子全盘肯定，夸奖孩子做得很完美，对孩子的错误和缺点则不闻不问，甚至有意掩盖。

父母的这种态度，会让孩子无法辨明是非，误以为自己做的都是对的，自己做什么都比别人强，时间久了，就会形成一种自负心理。

自负是一种特别普遍的不健康心理，尤其对于那些有专长或智力超群的孩子，更容易染上这种心理疾病。自负会使孩子自满，丧失进取心，增长虚荣心。此外，自负心理还容易使孩子意志脆弱，经不起任何挫折和打击，遇到一点困难便无从下手，无力自行解决。

对此，父母在教育孩子时，应该对孩子的行为一分为二，对了要表扬，但错了也一定要给孩子指出来，并帮助孩子改正。如果孩子确实做得很好，父母应该在给予肯定的同时还要告诫孩子不能骄傲自大，因为骄傲会让他逐渐失去同学的友谊，也特别容易让他落后。孩子在衡量利弊之后，就会努力消除自己的自负心理。

以下几个方法，父母也可以参考使用。

1. 让孩子适当经历一些挫折

在成长过程中，孩子肯定会经历很多的挫折，这些挫折可以使孩子心理健全，使他们不至于过分自负，而且具有一定的抗击打能力。平时，父母可以让孩子做一些较难的事情，如果孩子没能完成任务，父母可以帮他分析原因，找出不足之处，并让孩子意识到"强中还有强中手"，这样他就不会再因自己的那一点点成绩而自负了。

2. 引导孩子客观地评价自己

不管多优秀的孩子，或多或少都会有些不足，因此，父母不能因为溺爱孩子而对他进行不切实际的夸奖，特别是当孩子做错事时，一定要给予孩子适当的批评，表扬孩子要适当，批评孩子也要恰当，既不能掩耳盗铃、视而不见，也不能以偏概全，要客观地指出孩子的不足，帮助孩子正确认识自己。

3. 正确地表扬孩子

表扬孩子时，父母一定要掌握好分寸，不能为了鼓励孩子就夸张地表扬，否则容易使孩子产生骄傲自满的心理，而且，在表扬孩子时，不要给孩子过多的物质奖励，否则孩子会养成沾沾自喜、忘乎所以甚至不思进取的心态。

适时交际让男孩走出孤僻

孤僻是一种不正常的心理状态,孤僻的人无法与人保持正常关系、经常离群索居。这类人在中学生群体中约占5%～8%。

孤僻的人比较内向,主要表现为待人冷漠,不太愿意与他人接触,对周围的人常有厌烦、戒备或鄙视的心理。这种个性的人有较强的猜疑心,容易神经过敏,办事时总是独来独往,时间长了免不了孤独、寂寞和空虚。所以,孤僻对孩子的身心健康有很大危害。孤僻的孩子不能和同学很好相处,缺乏同学、朋友之间的欢乐与友谊,容易导致内心苦闷、压抑、沮丧,感受不到人世间的温暖,看不到生活的美好,容易颓废、消沉、不合群,缺乏群体的支持,整天忧心忡忡,容易出现恐怖心理。这种消极情绪长期存在,还会损伤身体。

小帅是个小学3年级的男孩,在学校里,只要是集体活动、集体游戏,他都没有兴趣,宁愿一个人玩耍。班级中轮值日,排到他时,他总是借故请假,对集体的工作一点都不热心。当班级在学校的各类评比检查中获得荣誉时,同学们都兴奋不已,但他却显得十分冷漠。同学之间相处时,小帅总是一个人,和同学难得说上一句话。

小帅是典型的性格孤僻不合群,这种性格并不是天生的,客观上讲,可能是因为独生子与周围的同龄人交流机会少,久而久之在社交方面产生了心理障碍。主观上,小帅可能存在着自卑或自大心理,因此不能正确认识自我和他人,以致在心理上和同学产生隔阂。

近日班里又做了些许的调整,这对于刚入园、性格又有些"孤僻"的小帅来说,无疑感到极不适应。室内环境的重新调整,人数的增多,陌生的老师和小朋友……让原本就不喜欢与人交谈,甚至只会重复别人话语,不能正常参与师生活动的小帅更加不适应,他的情绪也很不稳定,产生了些许暴躁,喜欢穿梭在各个区域,把书籍"扔"在室内的各个角落,完全没有秩序感;或者干脆就一头"扎"进电脑去玩游戏。

每当发生这些情况,老师和同伴都会上前去劝阻,他要么置之不理,要么大声喊道:"不行!讨厌!"不仅妨碍其他小朋友,还影响老师正常组织小朋友的活动。在户外活动的时候,小帅像刚出笼的小鸟一样,一下子就冲上草坪,在人群中兴奋地跑来跑去。老师在后面追他,但他反而跑得更快,撞在了一位老师身上,当老师追上他跟他讲道理并带他去道歉时,他小声地说了声:"对不起!"

后来,老师了解到小帅的父母平时工作较忙,他从小就由老人代养,现在由保姆照看,缺乏父母的教育与关爱,缺少与外界事物的接触,久而久之,他的内心缺乏安全感,紧接着,性格就变得很孤僻了,因为他不知怎样和别人交流和交往,只好把自己封闭在电脑前,这样一来,他的思想和思维和同龄的孩子之间有了差距,人也就越发孤僻了。

从小帅的身上可以看出,有些孩子之所以性格孤僻,与他的生长环境与家庭教育有很大的关系。

常言道:近朱者赤,近墨者黑。如果家长自我封闭,没有良好的人际关系,会对孩子产生潜移默化的影响,他会因此而产生孤独感,进而形成孤僻的性格。作为孩子的第一位启蒙教师,父母应该以身则,在人际交往、言行举止等方面给孩子树立一个良好的榜样,孩子耳濡目染,慢慢就会养成良好的性格。

专家给您支招

性格孤僻的孩子,会对周围的人产生一种不信任感,向父母、老师及同学关闭心灵之窗。对于这种心态,如果不及时加以引导,将对孩子的身心健康非常不利。以下几点可供父母们参考:

1. 增强孩子的体质

体质对男孩性格的形成起着重要作用,当男孩体质比较弱时,就会缺乏活动的信心和耐性,很容易被同伴嘲笑和蔑视。处于这种状态的男孩往往会回避社会、回避人际交往。因此,父母应该多带孩子投身到大自然中去,去登山攀岩、旅游参观、游泳锻炼等。这样不仅可以培养孩子勇敢、乐观的精神,还可以增强孩子的体质,使他乐意参加各种集体活动、体育活动。

2. 注意对待孩子的评价和态度

如果父母经常随意批评否定,甚至指责训斥孩子,他就会丧失自尊心和自信心,逐渐形成自卑孤僻的性格,认为自己什么都不行、都不会,从而不敢参加集体活动,不敢与他人交往说话。所以,父母不妨采用一些肯定的评价,让孩子树立起自信心。父母的肯定与赞扬必将让男孩变得乐观、合群、开朗起来。

3. 为孩子创设一个良好的家庭氛围

生活在父母不和、经常吵架的家庭中,孩子就得不到应有的培养和关怀,使他的心灵受到创伤,从而沉默寡言、闷闷不乐,形成孤僻的性格。所以,父母应该给孩子营造一个和睦、融洽、民主的家庭,让他感受到家庭的温暖和快乐。

服从意识让男孩改掉任性

独生子女身上普遍存在着一种毛病，那就是任性。一般来说，任性属于消极品质，应采取各种措施加以制止。但孩子的任性是有很大改进空间的，具体表现为：在独立完成某件事时不达目的誓不罢休的态度；或者是为了维护自尊心而有较强的自我意识；或高估自己的力量而采取一些冒险行为，等等。虽然父母把这些情况当成是任性，但孩子自己却并不以为然，他们经常以自我为中心，随意地放任自己，不受任何约束。

一般来说，孩子任性性格的形成都是由于父母和长辈过分溺爱与妥协而造成的。比如，只要孩子耍一点小脾气，又哭又闹，父母就为难了。答应吧，要求明明是不合理的；如果不答应，又心疼自己的孩子。最终，在孩子的吵闹下，父母只好败下阵来，放弃自己的教育原则，让孩子如愿以偿。然而，父母的妥协只会让孩子的任性行为变本加厉，下次他再有什么要求就会哭闹得更厉害，任性的程度也会逐步升级。所以，父母应该逐渐改掉孩子任性的习惯，培养孩子的服从意识。

值得庆幸的是，大多数孩子只是偶尔有点任性，习惯性任性的孩子还是少数。父母必须注意区分开孩子的任性和韧性，韧性是一种积极的个性心理品质，表现为有追求、有耐心、有主见、有毅力、有独立性和反抗精神。这是值得保护的一种精神。而任性是孩子的一种不正常的心理状态，是孩子要挟父母满足自己愿望的一种手段。它常常给父母带来很多烦恼，而且不利于孩子客观正确地看待问题，时间长了，就会影响到孩子良好性格的培养。因此，父母一定要采取措施帮助孩子改掉任性的毛病。

1. 分析孩子任性的原因

很多时候,孩子任性并不是有意对抗大人,而是有他自己的道理。所以,为了矫正孩子的任性行为,一定要认真分析孩子的任性心理,同时让孩子明白,他的有些要求是家庭和社会条件所不容许的,并不是所有要求都能通过耍脾气来解决。如此,不仅可以慢慢矫正孩子的任性行为,而且可以培养他正确看待问题的能力。

2. 正确对待孩子的要求

生活中经常可以看到这样的情况:家庭物质条件不好的孩子往往乖巧懂事,而家庭条件好的孩子却往往不听话,对此,许多专家认为,对孩子进行适当的物质剥夺有利于孩子改正任性的坏习惯。例如,孩子闹着要买不该买的玩具,父母一定要坚持原则,坚决不能买。

3. 对孩子的任性不要轻易让步

要改掉孩子的任性行为,应该从根本抓起,让孩子从小养成理解他人、关心他人、宽容他人的好品格。对于已经出现任性行为的孩子,父母千万不能心软,不管是在外面还是家里,只要孩子耍性子,父母都不能轻易让步,要显示出不怕他闹的态度。时间一长,孩子就会意识到,不管他怎么闹,父母都不会改变主意,慢慢地就会改掉任性的毛病。

杜绝依赖让男孩真正成长

仅从家庭层面来讲,依赖心理是指依靠别人或事物而不能自立或自信。喜欢依赖他人的人会把别人看得比自己重要,期待别人的安抚和赞汗,会自觉不自觉地迎合别人的意愿说话、做事,以取悦对方,将自己置于依附的地位,这样就丧失了自我,事后会感到怨恨,心中不平,但不这样做又感到内疚与不安。

我们知道,孩子性格的形成与环境因素紧密相关,男孩依赖性的产生也是如此,它和家庭环境、家庭教育有着密切的关系。在上学路上,我们经常见到这样的情景:家长帮孩子背书包;家长帮孩子系鞋带……父母的做法,实际上是在剥夺孩子独立成长的机会,容易导致孩子对别人产生依赖感,处世能力低下。

小乾今年8岁了,他从来不主动收拾自己的房间,自理能力极差。小乾的妈妈每天晚上都会在小乾睡着后,过来帮他整理房间,并准备好他第二天上学要带的东西。可以说,小乾所有的事情几乎都是由父母代为安排,如果哪天父母不在,他都不知道该怎么办……小乾的妈妈也总是无可奈何地抱怨:

"儿子什么都得我帮他想着,一刻也不肯离开我,一走开就哭闹。"男孩产生了依赖性后,就会缺乏主动性,认为自己不用动手,父母会把一切都打理好。时间一长,因为很少做事,他会缺乏自信心,不愿承担责任,遇到任何事情都想直接求助于父母、教师或自己的同伴,把问题扔给他们解决。

下面我们来看看男孩的依赖心理是怎样形成的:

1. 对孩子批评多，表扬少

父母往往对孩子寄予很高的期望，一旦孩子没能达到父母的要求，父母就会训斥孩子，这样一来，孩子总得不到父母的表扬，就会对自己的能力产生怀疑，从而养成做事畏畏缩缩、不敢自己作决定的性格，而父母就会更觉得孩子无能，形成恶性循环。

2. 孩子的行为和话语完全听父母指挥

在传统文化中，孩子就该听老子的，父母也偏爱听话的孩子，认为那样的孩子才是乖孩子。在父母眼里，孩子年龄小什么都不懂，只有听自己的才不会出差错。听父母话的孩子往往可以受到父母的表扬和关爱，时间一久，就容易扼杀孩子探索世界的欲望和行为。

3. 孩子的事完全由父母包办代替

我们常常听到"父母愿意为自己的孩子付出一切"、"父母的爱是无私的"这样的话语。穿衣、吃饭、睡觉，父母样样都放心不下，孩子偶尔想表现一下独立性的念头也被父母的担心打消了。由于孩子的一切都是父母在做，当然也就习惯依赖他人了。

专家给您支招

如果想让孩子独立自信地生活，在社会上拥有自己的一席之地，父母必须培养他的独立性，不让他养成依赖父母的性格。

1. 不要过分地保护孩子

父母过分保护孩子，会妨碍孩子身心的正常发展，导致其变得依赖心重、神经质、胆怯，不敢做任何尝试，而且不易与人接近。因此，只要是孩子力所能及的事情，父母都应该放手让他自己去摸索、去实践。

2. 让孩子参与家庭生活，体验到自己的重要性

有一本书叫做《生命不能承受之轻》，它告诉我们，人在承担责任时和他人重视自己时能够深刻体会到自己的价值。其实男孩也一样，当他为家里拖地受到父母的表扬时，他会很有成就感；当父母郑重地跟他讨论双休日的安排时，他也会体会到自己意见的重要性。

3. 对孩子的疑问不要急于给他完整的答案

当孩子向父母提出问题时，父母不要给他完整的答案，因为这是孩子独立思考、思维活跃的最佳时机，父母应该给出正确的引导，培养孩子独立思考问题的习惯。

克服浮躁让男孩不再盲目

浮躁指轻浮，做事无恒心，急功近利，不循分守己，浮而不实，无所事事，见异思迁，脾气大。这种心理如不能及时纠正克服，会对男孩的生理健康产生影响，造成睡眠障碍、生理功能紊乱、神经紊乱。急功近利会使男孩心理紧张、易怒、烦恼；浮而不实使男孩无法深入学习，仅局限于表面，直接影响学习成绩。

具体而言浮躁表现在当孩子面对种种变化和竞争时，心里没底，恐慌不安，不知所为。在情绪上表现为急功近利，心态急躁，与他人进行比较时，更表现出一种焦虑不安的心情。因为激动不安，失去理智，所以行动之前缺乏思考，具有盲目性，只图一时之快，将要发生的恶果完全置于脑后。

孩子产生浮躁心理的原因有很多，其中，父母表现出的急躁会对孩子产生很大影响，同时，在变化多端、充满竞争的现代社会，孩子会见到很多人都

表现出急功近利的心态，在这种氛围下成长的孩子，也会逐渐变得浮躁起来。

心理学研究表明，孩子产生浮躁心理的原因除了有后天因素外，先天遗传也有一些影响。那些神经系统不太平衡的人，比较容易出现急躁、烦闷、沉不住气等情绪，做事容易冲动，注意力也容易分散。

专家给您支招

浮躁心理不利于孩子的成长，对此父母要帮助孩子进行改变。

1. 对孩子不要太纵容

父母对孩子不能有求必应，孩子今天想学钢琴，就送孩子去学钢琴；明天想学街舞，又送孩子去学街舞，这种做法会极大地纵容孩子的浮躁心理。

2. 指导孩子调控自己的浮躁情绪

孩子做事时，父母可以教孩子使用一些语言来进行自我暗示，比如对自己说："不要急，急也没用。"如果孩子能在心理上进行自我控制，就会慢慢改掉浮躁的毛病。

3. 让孩子树立长远的志向

俄国著名作家托尔斯泰曾经说过："理想是指路的明灯，没有理想，就没有坚定的方向；没有方向，就没有生活。"父母应该鼓励引导孩子根据自己的追求和目标来树立远大的理想，孩子有了奋斗的动力，就能大大减少浮躁心理的滋生。

战胜忧郁为男孩找回快乐

通常来说，孩子的世界应当是缤纷多彩、充满欢笑和快乐的，可是，有的孩子小小年纪却总是闷闷不乐。

郭磊的学习成绩在班里总是名列前茅，他的外表清清爽爽、白白净净，但他的脸上却从来看不到一丝笑容，总是神情凝重，眼神忧郁，透露出一种深沉。上课时，他也不积极发言，偶尔被老师叫起来，也紧张得话不成句。老师对此很是担心，为了让他变得大胆起来，老师给他创造了许多锻炼的机会，但每次都以失败告终。这到底是为什么呢？直到有一次，班里组织有家长参与的朗诵会，看到他妈妈的举动，老师才找到了郭磊如此表现的根源。

朗诵会开始后，同学们都表演了自己精心准备的文章，都很优秀，得到了在座家长的称赞。轮到郭磊了，他刚翻开书，站在一旁的妈妈便严肃地说："好好读，不准出错。"就这么简单的一句话，使他原本背得滚瓜烂熟的文章一个字都念不出来了。

父母对孩子严格管教并没有错，但是要知道物极则必反，如果过严、过高地要求孩子，会给他带来极大的心理压力，从而容易产生胆怯心理，做事瞻前顾后，这样一来，孩子的表现往往不能让父母满意，这时父母又不给以鼓励，只是一味的批评，时间一长，孩子的自尊心就会严重受挫，渐渐地变得自卑、抑郁，毫无自信。抑郁就像其他情绪反应一样，人人都曾体验过。不过，不过对大多数人来说，抑郁只是偶尔出现，历时很短，只要时过境迁，很快就会消失；而对有些人来说，则会经常地迅速地陷入抑郁的状态而不可自拔，就像上例中的郭磊那样。

后来，郭磊的妈妈认识到了自己教育方式的不足，明白了作为父母，应该根据儿子的个性、能力水平来提要求，尽可能让儿子多体验到成功的快乐，从而获得自信。父母不能摆出一副咄咄逼人的架势来教育孩子，导致他不敢与父母进行沟通，把委屈和痛苦都憋在心里，这样只会让他越来越自卑，陷入抑郁之中。郭磊的妈妈认识到事情的严重性后，决心改变自己的教育方式，不再强迫孩子去做任何事情，并多与孩子进行交流，多鼓励孩子，重新为孩子找回自信。几个月后，郭磊的脸上终于有了笑容。

孩子是父母的一面镜子，他会反映出你教育成功的一面，也会反映出你教育失败的一面。所以，父母一定要重视与孩子的沟通，让教育在沟通中进行。

专家给您支招

长期忧郁会损害男孩的身心健康，使他无法正常学习和生活。以下几个方法可帮助孩子摆脱忧郁的困扰。

1. 让孩子客观评价自己和他人

父母应该教会孩子看到自己的长处，不能妄自菲薄，但也不能妄自尊大，不要盲目地和别人做比较，而要以积极健康的心态鼓励自己，从中体验到更多的成功和快乐，这样就能增强自己的信心，看到希望和前途。遇到不开心的事，要多往积极的方面想，用微笑来面对痛苦，用乐观来战胜困难。

2. 让孩子学会宣泄

当孩子遇到不愉快的事情时，父母应该教孩子学会哭泣，学会向知心朋友、家人诉说，或参加文体活动、写日记、写不寄出的信等等，通过这些方法来消除紧张，避免抑郁。

3. 让孩子扩大人际交往

父母要鼓励孩子置身集体之中，多与人交流沟通，不要拘泥于自我的小天地,应该多交一些充满活力、精力充沛的朋友,因为这些洋溢着生命活力的人会让孩子感受到事物的光明和美好。父母要帮助孩子尽可能使生活规律化,按时起床、按时学习、按时锻炼、按时就寝等,有规律的活动可以简化孩子的生活,使孩子可以有更多的精力去做别的事情。而多完成一件事,就会多增加一份成就感和价值感。

4. 给予孩子适当的心理暗示

如果孩子已经出现抑郁症状,这时父母要给予孩子适当的心理暗示,教导孩子理智调节自己的情绪,纠正认识上的偏差;寻找一些令孩子开心或是兴奋的事情,让愉快的活动占据孩子的时间,用积极的情绪来抵消消极的情绪,引导孩子为自己树立一个目标,使孩子有方向感,实行目标激励。另外,应及时找心理专家咨询,予以积极治疗。

第三章　培养男孩的健康心态

健康的心态在男孩的成长过程中起着重要的作用。拥有了健康的心态，幸福的人生才有了基础。父母应努力帮助男孩培养健康的心态，克服影响男孩成长的不良心理，从而使男孩取得自己想要的成功，迎接未来灿烂的人生。

好心态能为男孩带来成功

在成长过程中，良好的心态无疑是促进孩子健康成长的重要因素，也是孩子健康的重要表现。良好的心态表现为：拥有较强的自然适应能力；能够做到积极向上、勇于面对、沉稳果断。而这些特质既在成长中形成，又在成长中帮助成长。

关于心态对人的影响的这一方面，某国曾经做过一个实验：

试验人员让一批本国比较优秀的运动员做一些别人无法做到的指定动作。他们把运动员分成两组，第一组直接参与运动，但是效果并不好，尽管他们都尽力去做，但是大部分运动员都做不到指定动作。

轮到第二组上场时，试验者首先告诉他们第一组失败的结果，然后，他们又对这些运动员说："你们这一组的将会成功做到，因为你们会得到一种新药，而这种药物可以使你们发挥出超人的水准。"

结果，那些得到药物的运动员竟真的非常容易就完成了那些困难的练习。

事后，他们好奇地询问："那是什么样的药，居然具有如此奇效？"

试验人员说："那些所谓的魔药，只不过是一些毫无效果的粉末而已。"

由此可见，心态对人的影响是不可估量的。运动员只要拥有好的心态，就一定可以发挥超常水平，创造奇迹。同样的，若想孩子获得成功，给他一个良好的心态是必要的。因为生活中常常会遇到困难，而有时困境又难以改变，这个时候，没有好心态肯定是不行的。事实上，个人很难改变环境，但却可以改变自己的心态，以好心态去面对不好的事情，就可以保持快乐的心情。

平时教育孩子时，父母要多给孩子一些鼓励，使他们能够获得心灵支持，同时还要让他们学会保持好心态，尤其是当面对艰苦的境地时。

在下面这个案例中，有一个父亲只用了"太好了"这三个看似平凡却很伟大的文字，不仅改变了自己的教育方式，也改变了儿子的心态，教会了令儿子受益一生的道理。

冯程因为儿子学习差，常和妻子吵架，每次儿子考砸了，他们夫妻二人就互相埋怨，结果儿子的学习成绩越来越差，最后终于落到了全班的最后一名。

面对如此糟糕的情况，冯程想："心烦也没有用的，不如换一种教育方法试试。"于是，当他接过儿子更差的考试卷时，不但没有责怪儿子，反而是微笑着对儿子说："太好了，儿子！从今天起，你再也没有什么负担了！"

儿子听了大为惊讶，结结巴巴地说："爸，您怎么了，是不是发烧了啊？"

冯程摇了摇头，说："我倒是没什么病。你想想，一个被落在最后的人还有什么负担呀，你不用再担心别人会超过你，只要坚持往前跑，那就是在进步！"

冯程这番话让儿子大受启发，整天因学习落后而紧皱的眉头也舒展开了，因为他知道他每天都在进步。结果，期末考试，他的成绩是全班的第18名。

冯程看到儿子的试卷，兴奋地说："太好了，你竟然比上回前进了几十名！"

儿子听了父亲的话十分高兴。

到了第三次考试，儿子竟然排在了全班第5名。冯程知道后，激动地说："太好了！儿子，你真的是学习天才啊！离班级第1名就只差4个人了！"

此时的儿子已经不再是过去的学习混混，他已经抵挡不住进步的"诱惑"，只想着进步、进步！他说："爸，你等着瞧吧，我下次一定是全班第1名！"说完，他的脸上洋溢着一种得意的笑容。

从故事中可以看出，孩子只有拥有了好心态，才能获得好成绩。

> **专家给您支招**

在平时的教育中,父母应该多给孩子一些鼓励,帮助他们建立健康、乐观、潇洒的人生价值观和世界观,这样不仅能让他们积极乐观地看待生活,还将为他们未来的生活送去快乐美好的祝愿。具体来说,父母可以从以下几个步骤做起:

1. 树立孩子的自信心

自信心是一个人成功的基石,只要凡事抱着自信、乐观的"只要我干,我肯定能行"的态度,事情就一定会圆满。父母的鼓励是孩子树立自信心的良方,就像春风融化坚冰、夏雨冲刷污秽一样,适时的鼓励必定会让孩子信心百倍。所以,孩子每次取得一点进步,父母都不应吝啬自己的鼓励,哪怕仅仅是一句简单的"不错啊,你真棒","你真行","好样的"或是一个竖起大拇指的动作、一个亲热的拥抱,都会使他获得进步、成功的快感。孩子都渴望成功,渴望得到别人的认可,而作为父母,我们能够做到的,便是帮助孩子树立自信,培养受益终生的积极乐观的心态。

2. 走进孩子的心里

如果说孩子是一棵成长的小树苗,父母就是为其提供养分的土壤。在成长的道路上,每个孩子都会有迷惘的时候、失望的时候、受挫的时候,这时,如果父母不能准确了解孩子的心理,就不能为他提供有用的指导。尤其是读初中、高中的男孩,如果在校住宿,与父母共同生活的时间少了,加上正慢慢地进入青春期,在成长的过程中会有各种各样的烦恼,或是学习上的困难,抑或是同学间的摩擦,这时父母的正确引导是非常必要的。孩子周末回家时,一定要跟他好好地交流。不过,交流的方式最好不要是问答式的,因为那样孩子会厌烦,或者产生戒备心理。一定要创造一定的氛围让孩子乐意与父母分享、向父母倾诉,比如一起读书,一起运动,一起谈论时政要闻等,在这个过程中,你就会不知不觉地走进孩子的心理世界。

3. 培养孩子读书的兴趣

读书能增长知识，开阔视野，往小处说，有利于语文成绩的提高；从不处讲，它能帮助孩子树立正确的人生观、价值观，帮助孩子树立远大的志向，激发孩子向上攀登、向前进步的动力。这比单纯的唠叨说教效果要好得多，因为它所激发的是孩子的内驱力。可以说，爱读书、读好书，将使孩子受益终生

积极乐观让男孩充满阳光

乐观是男孩应对悲伤、失败、痛苦、不幸等不良事件的有力武器，是成功的催化剂。乐观的男孩即使遭遇挫折，还是会认为自己是幸运的，并坚信自己有能力改变现状，会拿出自己最好的状态与挫折作斗争，直到把挫折打败。

然而，在现实生活中，有很多男孩在很小的年龄，便习惯了用悲观的眼光看世界。一位经验丰富的老教师说："现在的男孩特别容易悲观，一次没有考好，就认为以后都不会考好；让他们分析问题，他们总看不到事情好的一面……"

事实证明，男孩从小接触的环境和他所受的家庭教育，对悲观情绪的产生有着直接的关系。

李旺的父母都是公务员，因为每天工作都很忙碌，压力比较大，所以回到家后总是不停地抱怨："我们办公室的那个小王太懒了，为了偷懒，每天去五六次厕所，每次都是半个小时。"

"我们领导也太势利了，小董刚把两条烟给他送去，他就把他提升了一级。"

"我们单位的小任也这样，有事没事都跑去向领导献殷勤，又是递烟，

又是端茶,看到他那个样子就觉得恶心。"

可以想象,孩子在这样的环境中成长,怎么能够用乐观的态度去对待人生呢?

积极乐观的人生态度,像明灯一样照耀着宽阔的人生之路,像船舶一样承载着我们行驶向成功的彼岸,像指南针一样指引着正确的人生航向。因此,父母应该从小就培养孩子积极乐观的人生态度。

1. 给孩子做出积极、乐观的榜样

父母处理工作、生活中的各种困难的态度,会直接影响孩子的做法,所以,父母在教育孩子时,首先自己要做一个乐观的人。

一位母亲要加班,她对儿子说:"今天妈妈又要加班去了,烦死我了,不能陪你了。"

另一位母亲却如此对儿子说:"宝贝,妈妈最近工作比较忙,要去加班,晚上回来就陪你玩啊。"

两种答案表达着相同的意思,但其中表露出来的态度却会对孩子的情绪和认知造成很大的影响。前一个回答,会让孩子认为妈妈是不得不去工作,工作是一件令人沮丧的事情;而后一种答案,却会让孩子感受到妈妈很能干,从而产生自豪感。

在日常生活中,父母应该多给孩子灌输一些乐观思想,让他明白,人生的道路总体是平坦的,困难只是短暂的。

2. 让孩子永远坐前排

永远都要坐前排——这种积极的人生态度,能激发孩子勇往直前的勇气。

一位小男孩,小时候爸爸就向他灌输"永远都要坐前排"的思想:不管

做什么事情都要力争一流,永远走在别人前面,不能落后于人。父亲从来不允许他说"太难了"或者"我不能"之类的话。父亲的原话就是:"即使是在坐公共汽车,你都要永远坐在前排。"

在男孩以后的生活、学习或工作中,他一直抱着必胜的信念,尽自己最大的努力克服一切困难,做好每一件事情。所以,大学期间他不但每次成绩都名列前茅,而且还开办了一家属于自己的公司。

也许很多父母可能会觉得,这位父母对年幼的儿子要求太严厉了,但事实证明,这位父亲的教育方式是正确的。正是因为这个父亲从小就让小男孩受到了这种"残酷"的教育,他才拥有了积极向上的个性。

所以,作为父母,不仅要培养孩子"永远坐在前排"的意识,还要鼓励孩子积极地把这种理想变成现实。

宽容待人是男孩的必修课

宽容是一种胸怀,更是一种睿智,一种乐观面对人生的勇气。它能驱散生活中的痛苦和眼泪,也能传播心灵的快乐和满足。宽容能减少人生的沉重感,让人生充满快乐和欢笑。

曾经有一对父子坐火车外出旅游,途中有位检票员来检查乘客的火车票,这时父亲因为找不到车票而受到查票员的怒言以对,但父亲仍不愠不火,积极配合。之后,儿子问父亲:"爸爸,刚才你为什么不跟她争辩呢?"父亲说:"儿子啊,倘若这个检票员能够忍受她自己的脾气一辈子,为何我不能忍受她几分钟呢?"

我们不得不佩服这位明智的父亲,他给儿子做出了如此宽容的榜样。

宽容待人是中华民族的传统美德,它是一种思想修养,也是人生的真谛,你能容人,别人才能够容你,这便是生活的辩证法则。

莎士比亚曾说:"不要因为您的敌人燃起一把火,您就把自己烧死。"当一个人的感情凌驾于理智之上时,他被感情所奴隶;而当他战胜自己的感情时,他才会成为掌握自己命运的主人。

在现实生活中,爱躁动的男孩们常常会因为一些鸡毛蒜皮的小事跟别人发生冲突,仅仅是被别人踩了一下脚或在公交车上被别人挤了一下,不懂得宽容的男孩要么大发脾气,要么出口就是脏话,要么就是所谓的"以其人之道还其人之身"。男孩之所以爱冲动,易与人发生冲突,有先天的因素。男孩好斗心理强,处理问题往往以急躁、冲动、不计后果的方式解决,因为他们不能克制自己,与别人发生冲突是司空见惯的事情。但是,另一方面,男孩是否能够体谅别人、为别人着想,则与父母从小对他们的教育有很大关系。

现在的孩子基本上都是独生子女,很受家人的宠爱,哪怕仅仅受了一点委屈,父母也会心疼得不得了,于是便出现了这样的典型中国式教育现象:

儿子哭着回到家,妈妈很生气地质问儿子:"谁打你了?"孩子一言不发,还是一直哭泣。"走,到学校去收拾欺负你的人去!"孩子还是哭,既不作声,也不动。"都被打了,你怎么还跟木头一样。他打你,你就不会还手吗?""妈,他没打我,是我不小心碰了他……""不小心碰了他,他就打你,你怎么不再打回去呀?走,找他去……"

这位母亲错误的教育方式,不仅不能使孩子正确处理与同学之间的关系,还会影响到孩子长大后对人际关系的处理,使孩子变得狭隘、小气,甚至对待家人、朋友也是如此。

其实,与女孩相比,男孩的心胸是比较宽大的,他们不会过分计较一些鸡毛蒜皮的小事。但有些父母错误的教育方式却令男孩的心胸一点点地变窄,最后变得狭隘自私、斤斤计较、不懂得体谅他人……

专家给您支招

宽容心对孩子来说是非常珍贵的一种情感,它主要表现为宽容别人,即对别人过错的原谅。富有宽容心的孩子往往心地善良、性情温和、惹人喜爱;而缺乏宽容心的孩子往往表现得性情怪异、易走极端、不易与人相处。

教导孩子学会宽容，不仅能够使孩子处理好今天的同学关系，也能为孩子将来的发展奠定一定的基础。那么，父母应该如何培养孩子的宽容心态呢？

1. 正确对待孩子与同伴之间的冲突

生活中，人与人之间的摩擦冲突是不可避免的，面对冲突，冷静处理才是正确的解决办法。而父母在孩子幼年时处理问题的方法，会给他留下深刻的印象，对他的一生影响极大。

下面是一个实例：

小龙是家中的独子，全家人都把他当作宝贝，爷爷奶奶更是对他疼爱有加。小龙上幼儿园时，和小朋友一起玩，不小心刮破了手指或磕破了腿，爷爷便会去找老师评理。在爷爷奶奶的庇护下，小龙渐渐变得骄横起来。

有一次，小龙抢同学的乒乓球，同学受了委屈，便找来自己的哥哥打了小龙。爸爸知道后勃然大怒，生气地说："没出息的东西，打不赢还有脸回家哭！下次人家打你，你就还手打他，绝不能吃亏。"之后，小龙开始无心向学，整天带着一帮同学与人打架斗殴。这时，爸爸才意识到事情的严重性，后悔不已，但又无可奈何，因为已经管不了孩子了！

小龙之所以变成这样，责任自然在父母。如果父母在他与同学发生冲突时，能够站在一个客观的角度，告诉他要学会包容，并帮助他分析自己的问题所在，想必他也不会变得如此斤斤计较、不务正业、打架斗殴。

2. 让孩子学会换位思考

不管什么时候，父母都要教育孩子学会从他人的角度看待问题，学会换位思考。

一位母亲在她的教子日记里这样写道：

一天，我给儿子买了一本《世界手枪》杂志。在学校里，儿子的同桌借去看的时候，一不小心把杂志撕掉了一小角。

儿子很生气，不但让同桌赔他一本新的《世界手枪》杂志，还把这件事告诉了班主任。结果，儿子的同桌被班主任教训了一顿。

当儿子把这件事告诉我时，我想要告诉他要宽容别人，多换位思考，但我还是决定让他亲身体验一下不被人宽容的滋味。当天晚上，儿子一不小心打翻了晚饭，我知道教育儿子的时刻来了。于是，我大声对他喊道："你怎么搞的，饭也不好好吃，现在又浪费粮食，罚你今天晚上不许吃饭了。"

儿子看到我这种态度，伤心地哭了起来："我真的不是故意的。"

这时，我便用平静的口气对他说："儿子，谁都有不小心犯错误的时候，妈妈只是想告诉你，因为不小心犯了错误而不被人原谅，那是很不开心的。这正如你不原谅你同桌的不小心，还让老师批评他一样。乖孩子，你说是吗？"

儿子不好意思地低下了头。

由于年龄还小，孩子往往只会从自身利益出发，根本不会知道自己的不宽容会对别人造成多大的伤害。所以，父母正确的教育是很必要的。

拥有好心态的男孩不怕输

心态，其实也是指心境。拥有了好的心境，自然会得到充足的阳光；而拥有了消极的心态，则会做什么事都觉得不顺。生活并不总是一帆风顺的，但对挫折持有的心态不同，所产生的结果一定也会不同。对孩子来说同样如此，拥有什么样的心态，就有什么样的结果，什么样的人生。作为孩子的第一任老师，父母要从小培养孩子的良好心态，对男孩来说更应如此，因为男孩将来承担的责任要比女孩重得多。

下面是一个实例：

亮亮12岁了，他的父母都在外地打工，而且亮亮不是一般的留守儿童，他的父母虽然在同一个城市打工，但是已经离婚了。

亮亮的母亲在和他父亲离婚后，就没再回来看过他。亮亮已记不清母亲的样子,所以他似乎更愿意提及"爸爸"这个词。

但是,父亲也不经常回来,亮亮只能和60多岁的爷爷奶奶一起生活。而这一生活就是十几年。

缺少父爱和母爱的亮亮并没有因此而变得性格孤僻,也没有比别的孩子学习差。他不仅活泼开朗,积极乐观,而且学习成绩优秀,老师和同学们都很喜欢他。

由于亮亮表现得不同于其他失去母爱、父爱的孩子,他的班主任感慨地说:"这个孩子心态特别好,有点让人吃惊,拥有这样的心理调节能力真的很不简单。"

话虽如此,对于父母的离婚,亮亮多少还是有些难过的。"有时候,看到同学跟爸爸妈妈在一起时幸福的样子,自己心里也很难受,我总是在问自己原因,爸爸妈妈为什么离婚呢,会不会是因为自己的原因呢?"亮亮说,爸爸经常在电话里跟自己谈心,告诉他要好好学习,别担心大人的事情。

就这样,在父亲的电话安慰中,他放开了心胸,并且努力帮助年迈的爷爷、奶奶干一些家务活。虽然很多事情爷爷不让他做,但是亮亮总喜欢大胆地尝试。他不仅学会了自己洗衣服,还学会了做饭。

由此可见,孩子虽然不能选择自己的出身,但是可以拥有良好的心态,去驾驭生命并从中寻求真正的幸福。

在培养孩子良好的心态时,父母可参考如下方法:

1. 让孩子养成良好习惯

孩子的自理性、自制性都还不够成熟,除了心理原因外,很重要的一点是没有养成良好的作息习惯。因此,帮助孩子调节心理失衡时,要特别注意对他行为的训练,让他改正不良行为,养成良好的习惯。

2. 让孩子学会自我调节

让孩子学会自我调节，合理地宣泄不良情绪，可以让孩子在遇到挫折时找要好的朋友或亲人倾诉，用积极的情绪代替消极情绪，另外还可以用优美、轻柔的音乐来感染他，从而使他的情绪得到调节。

3. 培养孩子的自主能力

孩子在成长过程中，对成人的依赖性较强。因此，父母在日常生活中应特别注意培养孩子的自主能力，让孩子在遇到挫折时多分析、多思考，努力找到解决问题的对策。

正确疏导助男孩克服嫉妒

嫉妒这种情感，是在别人比自己优越时所产生的一种排斥情绪。它是一种心理活动，是一种很自然的反应。不要以为只有成年人才会有嫉妒心理，儿童其实也有嫉妒心理。尤其是在孩子进入集体生活以后，父母和老师对别人的称赞和表扬，会引起孩子的嫉妒心理，如果不加以疏导，就会引发孩子之间的矛盾。

孩子在嫉妒别人的时候，通常不会友善、热情地对待人，双方的关系必然冷淡。因此，孩子嫉妒的对象越多，朋友就越少，对其正常的社会交往带来很大障碍。它最终会毁掉孩子的正常生活，甚至使孩子走向无法自拔的极端。

孩子产生嫉妒心理的原因，主要是内心的消极因素和外部环境的消极因素的相互影响。比如在竞争中受挫会导致失败者对成功者的嫉妒；因自己生理欠佳而对生理条件优越的同学产生嫉妒；因自己家境贫寒而对家庭经济条件好的同学产生嫉妒等，加上有些错误的家庭教育方式使得孩子逐渐缺乏自信、心胸狭窄。只有了解了孩子嫉妒心理产生的原因，父母才能有针对性地进行教育疏导。

 专家给您支招

若要帮助孩子克服嫉妒心理，父母可以参考以下方法：

1. 教育孩子积极向上

嫉妒心强的孩子往往自尊心也强，父母可以适当利用他的自尊心激励他的竞争意识，使孩子更加努力，赶超别人。比如，父母可以告诉孩子，只要积极表现，不管结局如何，他都是招人喜爱的孩子。这样，孩子既希望自己获胜，也能在心理上容纳别人的成功。

2. 提高孩子的自我认知能力

帮助孩子提高自我认知水平，是克服嫉妒心理的有效途径之一。有的家长经常会对孩子说："谁谁比你强多了，你应该向他学习。"其实，这样做只会加深孩子的嫉妒心，使孩子产生敌意。正确的做法是，告诉孩子，每个人都有自己的长处和不足，他其实也有很多优点。如果父母平日能做到这一点，就等于给孩子的嫉妒心打了预防针。随着认知能力的发展，孩子会逐渐懂得每个人的能力都有限，谁也不可能任何事情都比别人强。

3. 鼓励、引导孩子正确参与竞争

父母可以鼓励孩子多参加一些竞赛游戏，比如斗地主、国际象棋等棋类游戏。这些游戏对于嫉妒心强的孩子来说，能多一些体验成功与失败交织的矛盾感受，可以锻炼孩子的心理自我调适机能。

潜移默化让男孩不再消极

积极的心态对孩子的身心发展能起促进作用，有助于发挥孩子潜在的能力，而消极的心态则可能使孩子的心理失去平衡，甚至影响其人格建构。

有这样两位父亲，他们经历相似、学历相同、社会地位也同等，但是，他们面对生活中的不如意时，心态却又十分不同：第一个父亲往往是积极乐观、公正地看待受挫，分析造成眼前不便的原因；而第二个父亲表现出来的则是麻木和消极抵抗。

这两位父亲都各有一个儿子，这两个孩子都很健康、聪明。上学后，他们不可避免地在生活和学习中面对着成绩的不理想。这时，第一个父亲会静下心来，和孩子一起寻找症结所在，教他解决的方法；第二个父亲则当着孩子的面狠狠地诅咒社会，仿佛所有人和事都是有意让他们父子难堪。

有一天，发生了地震，两个孩子都被埋在了废墟下，没有吃的、喝的，只能等待外面的救援。在整个过程中，第一个孩子表现得很冷静，而且很聪明：他尽量减少活动，以保持体力和足够的氧气，而且用砖头不断地敲击楼板，发出求救的信号；而第二个孩子当时就吓懵了，绝望地哭了起来。等救援队找到他们时，第一个孩子还顽强地活着，而第二个孩子却不幸离开了这个世界。

由此可见，父母的处世态度对孩子有着多么大的影响。如果他们心态消极，也会潜移默化地影响孩子的成长，给孩子的心理带来阴影。

父母可以这样做来帮助孩子调整心态,使其从消沉的状态走出来:

1. 让孩子把每天的快乐生活记录下来

每天写一篇愉快的日记。让孩子寻找让自己感到愉快的事件并且记录下来,可以是很大的事,也可以是很小的事,记下当时的愉快感受,积极地想想成功后的感受,为自己鼓劲。这样不仅可以帮助孩子打消消极情绪,而且能够让孩子以更高的姿态观察生活。

2. 让孩子忙碌、充实起来

帮助孩子做一个计划,把每天的生活安排满,规划要尽可能避免有胡思乱想的时间。一天的学习任务完成后要做个总结,并从中体会到成就感。

3. 让孩子投身运动,打造坚强的意志

运动能使身体兴奋,而这种状态会带给孩子积极的心理感受,带动积极情绪的提升。做一些轻松的小活动,比如听音乐、唱歌、看动画片、逛街等,都可以让孩子在自由放松的气氛中消除不良情绪。

从容淡定让男孩百折不挠

众所周知,失败和挫折的滋味是苦的,跌倒了总是会痛的。但是,如果总是盯着那点伤疤,可能会痛得麻木进而害怕或忘记前行,也就不能领略更多风景了。诚然,生活中的坎坷、曲折会给你带来打击和痛苦,但同时也能给你

的人生带来独特的风景,能磨炼你的意志使你成为百折不挠的人。相信你也希望自己的孩子能够成为一位百折不挠的勇敢者。的确,不服输的孩子就应该有跌倒一百次就有一百零一次站起来的勇气。

人们常说机会永远只会垂青那些有准备的人,事实上,机会更青睐那些有勇气站起来的人。那些轻易向挫折俯首称臣的人,即便有十足的准备,却因为没有百折不挠的信念,也不可能赢得机会。

科学家做过这样一个有趣的实验:把跳蚤放在桌子上,一拍桌子,跳蚤立即跳起,跳起的高度超过其身高的100倍以上。接着,在跳蚤头上罩一个玻璃罩,再让它跳,跳蚤碰到玻璃罩弹了回来。如此连续多次以后,跳蚤每次跳跃都保持在罩顶以下的高度。然后再逐渐降低玻璃罩的高度,跳蚤总是在碰壁后跳得低一点。最后,当玻璃接近桌面时,跳蚤已无法再跳。科学家移开玻璃罩,再拍桌子,跳蚤还是不跳。

是什么打败了跳蚤呢?是玻璃罩吗?不,是它心中的玻璃罩。这个玻璃罩对人来说,可以是生活工作的环境、曾经的经历、受过的挫折,甚至一些很小的琐事。正如实验中的跳蚤从一个"跳高冠军"最终变成了一只失去自我、可怜的"爬蚤"一样,一个人如果不能突破那层玻璃罩,最终也会一事无成,庸庸碌碌地生活,更别提成就一番大事业了!

让我们再来审视为什么跳蚤无法突破那层玻璃罩:首先是"无知",实验中的跳蚤根本不知道自己处于什么情况,到底会发生什么事情,为什么总会被东西弹回来……孩子面对一次次的打击也会不知所措,进而对一次次的小挫折产生恐惧心理,跳蚤不敢再往上跳是怕被弹回来,孩子也是如此,他们害怕再一次跌倒。

为了孩子能够打败困难,战胜失败,勇敢地实现自己的理想,父母要注重从小培养孩子百折不挠的精神。

对孩子来说,没有永远的骄傲和荣光,也没有永远的失败,只有从容淡

定地面对成功、坦然地面对失败，才是真正的人生智慧。因此，要想让孩子生活幸福，人生更加灿烂辉煌，父母就应该：

1. 在他成功时表扬他鞭策他，在他失败时鼓励他安慰他

在成功的时候一定要让孩子知道，他一直是父母的骄傲；在他失败的时候，则要让他知道，他有强大的后盾在支撑着他。

2. 在适当的时候"袖手旁观"，让他独自去承受一些挫折

有些时候，必须让孩子独自面对一些磨难，每一次的挫折和失败，都能让你的男子汉发现自己身上的问题。如果他能勇敢地面对这些挫折和磨难，并不断地发现问题所在，他就会迅速成长起来，成为一个真正的男子汉。而在这个过程中，他对于自己人生的责任感以及对一件事的责任感就培养起来了，同时也具备了分析和解决问题的能力。

磨炼耐心助男孩走向成功

有些父母经常会抱怨说："这孩子聪明是挺聪明的，就是没有一点耐心，正干着这事就忙活那事去了，永远都是三分钟的热度。"这种情况在中小学生中特别常见，如果父母不能及时进行引导和教育，这种做事有头无尾、没有耐心的现象对孩子将来的学习和生活，都会产生很多负面影响，甚至影响他的一生。

卡耐基的成功学或是羊皮卷这些耐人寻味的人生哲理，都在告诉我们，耐心是一个人的重要品质。它与意志品质的其他方面，如主动性、自制力、心

理承受力等有一定的关系。

越王勾践的卧薪尝胆也许能够让你获益匪浅。

春秋时期，吴王夫差在与越国交战中大败越王勾践。夫差要捉拿勾践，范蠡向勾践献计，假装投降，留得青山在，不愁没柴烧。夫差不听老臣伍子胥的劝告，留下了勾践等人。越国君臣在吴国为奴3年，饱受屈辱，终被放回越国。勾践暗中训练精兵，每日晚上睡觉不用褥，只铺些柴草（古时叫薪），又在屋里挂了一只苦胆，不时会尝尝苦胆的味道，为的就是不忘过去的耻辱。最终励精图治，成功复国。越王勾践亦成为春秋时期最后一个霸主。

如果越王勾践不能忍住一时的痛苦而放弃自己的大业，那么历史可能就要少了这一段英雄事迹。

齐白石"化石为泥"的故事，相信很多人也应该听说过。齐白石把一担石头刻了磨，磨了刻，直到这一担石头都变成了泥浆。在夜以继日地磨、刻的过程中，他手上的血泡越来越多，而他的篆刻艺术也达到了炉火纯青的境界。这些若不是有坚强的意志和耐心是万万做不到的。

爱迪生的耐心使他被世人誉为"发明大王"，他一生为人类提供了约2000项大小发明。他成功的秘诀就是"勤奋"加"耐心"。为了寻找灯泡内的耐热材料，他先后试用了大约6000种纤维材料，最后找到了碳化竹丝。第一盏竹丝灯虽然亮了1200个小时，但他仍不止步，继续不断探索，持之以恒，不断改进，最后发展到钨丝灯，前后花了20年时间。

这些成功人士超凡的毅力，让我们看到了耐心和毅力的重要性。道理我们都懂，但是，如何从自身做起培养孩子的耐心和毅力呢？其中的技巧与方法值得每一个为人父母者思考。

孩子的性格培养大多来自父母，所以，要想让孩子有耐心，父母首先要有耐心。具体来说可以这样做：

1. 做孩子最好的榜样

父母可以有意识地给孩子一些任务，最好能和孩子一起完成这个任务，合作或比赛都可以。注意在完成之后要给孩子相应的回应，如果孩子做得好就要多奖励一些，做得不好则帮助他发现问题。一定不能做完就不管了，否则他就很难再跟父母有良好的互动。

2. 父母要帮助并监督孩子。

孩子的性格和做事能力并不是很成熟，所以父母在这个过程中一定要给他必要的指导，但是千万不要包办，切忌把自己的想法强加到孩子身上。如果事情比较复杂需要力气而孩子又实在干不了，一定要告诫家里的其他人，不要偷偷地帮助孩子。在中国式的教育中，很多失败都是源自于爷爷奶奶或是姥姥姥爷的过分溺爱。坚持大事小事都让孩子亲力亲为，适当的时候，还可以动员别的小朋友和他一起干，这样作为大哥哥，他更需要耐心和责任了。

3. 适当给孩子制造障碍

父母可以适当给孩子设置一些障碍，为孩子提供克服困难的机会。耐心是磨炼出来的，越是在困难的环境中，越能锻炼孩子的耐心。要鼓励孩子做事不能半途而废，当孩子做好一件事情后，父母应当及时给予表扬，以此强化孩子做事有始有终的行为。

自信不疑让男孩永不退缩

自信心，其实就是对自我的一种认可和态度。它是一种积极的情绪，它经常会表现为在一些重要的场合敢于表现自己，对自己认可肯定。一个有信心的人必定是一个意志坚定的人。孩子的自信心一方面来自外界环境，而更重要的来自于强大的内心。而强大的内心需要父母从小开始培养。

小泽征尔是世界著名的音乐指挥家。一次，他到欧洲参加指挥大赛，决赛时，他被安排在最后。评委交给他一张乐谱，小泽征尔稍做准备便全神贯注地指挥起来。突然，他发现乐曲中出现了一点不和谐，开始他以为演奏错了，便指挥乐队停下来重奏，但仍觉得不自然，他感到乐谱确实有问题。可是，在场的作曲家和评委会权威人士都声明乐谱不会有问题，是他的错觉。面对几百名国际音乐界权威，小泽征尔不免对自己的判断产生了动摇。但是，他考虑再三，坚信自己的判断是正确的。于是，他大声说："不！一定是乐谱错了！"他话音刚落，评判席上评委们立即站起身来，向他报以热烈的掌声，祝贺他大赛夺魁。

原来，这是评委们精心设计的一个圈套，以试探指挥家们在发现错误而权威人士不承认的情况下，是否能够坚持自己的判断，因为只有具备这种素质的人，才真正称得上是世界一流音乐指挥家。在3名选手中，只有小泽征尔相信自己而不附和权威的意见，从而摘取了这次世界音乐指挥家大赛的桂冠。

由此可见，自信是一种强大的力量，它能让我们勇敢地面对一些意外的状况，同时也让我们能勇敢地面对别人的质疑。

居里夫人也曾经说过，有信心，才能克服眼前困难，看到光明前景。她的故事也让我们感受到自信的力量！

为了提取纯镭，以便测定镭的原子量，向科学证实镭的存在，居里夫人曾终日穿着沾满灰尘和污渍的工作服，在极其简陋的棚屋里，用和她差不多一般高的铁条搅动冶锅，从堆积如山的沥青矿的废渣中寻觅镭的踪迹。尽管条件极其艰苦，但她心里却充满自信。

她对友人说："我们应该有恒心，尤其要有自信心！我们必须相信我们的天赋是用来做某种事情的，无论代价多大，这种事情必须做到。"她最终获得了诺贝尔奖。

爱因斯坦的"相对论"发表以后，有人曾创造了一本《百人驳相对论》，网罗了一批所谓名流对这一理论进行声势浩大的反驳。但爱因斯坦坚信自己的理论必然会取得胜利，对反驳不屑一顾，他说："如果我的理论是错的，一个反驳就够了，100个零加起来还是零。"他坚定了必胜的信念，坚持研究，终于使"相对论"成为20世纪的伟大理论，举世瞩目。

从上述故事中可以看出，自信对于一个人的事业来说有多么的重要！

要想让孩子成为一个自信、敢于担当的男子汉，父母要在日常生活中注意培养孩子对自我价值的肯定，同时也要注意肯定孩子的价值。父母的肯定对孩子来说尤其重要。

培养孩子自信心的具体方法如下：

1. 赏识孩子的点滴进步，经常肯定孩子

比如，让孩子自己穿衣服，暗示他他已经是男子汉了，可以自己穿衣服了。在这样的提示下，他努力穿好了，就会感到自己确实已经长大了，在此后每天的努力中巩固这种感觉，从而自信心大增。

父母要以正面鼓励为主，善于发现孩子身上的闪光点，不盲目将自己的

孩子和别的孩子进行比较,而是多拿孩子的过去与现在比较,让孩子知道自己进步了,从而产生相应的自信心理。

即使孩子犯了错,也不要大吵大骂,这样他们就不会形成悲观心理,或是担心做不好会被父母责骂。

2. 创造机会,在实践中培养孩子自信心

自信心要从一点一滴做起,父母可以创设良好的机会让孩子去尝试和发现,并在孩子取得成绩时及时表扬,充分肯定其进步,让孩子体验到成功的喜悦,产生积极愉快的情绪体验,这对于培养孩子的信心十分重要。比如,让孩子做一些家务事,他做到了就表扬;有时也让他做一些比较困难的事,如洗手绢、擦皮鞋、整理玩具架等,会做了更要大力表扬,树立其自信心。这些日常生活中的小事,最能锻炼孩子的自信心和自理能力。

3. 营造良好的家庭氛围

家庭氛围无时无刻不在影响孩子的成长。良好的家庭氛围可以让孩子自信勇敢地面对很多事情。如果父母经常吵架或是外出打牌等,会给孩子的内心造成很坏的影响。

在信任孩子的前提下,父母要为孩子创造展示自我的机会,重点是培养孩子的优点。不要让孩子有 "被抛弃"、"被遗忘",甚至认为自己没有价值的感觉。多给孩子一些展示自我的空间,让孩子的心理得到满足,这样孩子会觉得被尊重,从而对自己充满信心。

循循善诱让男孩消除攀比

随着物质生活水平的提高,人们的攀比心理越来越严重。男孩子本身好奇心重,有猎奇的天性,他们对一些事物的追求是冲动的、盲目的。尽管很多时候他们自己也知道这是愚蠢的,但是常常为了耍酷显得拽一些,他们还是义无反顾地加入了攀比耍炫的行列。

一些家里穷的孩子甚至变着法的问父母要钱买东西,更有报道报出男孩卖肾买手机的事情。这些心理都属于攀比心理,对男孩责任感的培养是非常不利的。

生活中也有一些聪明的父母,在面对孩子大手大脚花钱的时候能巧妙应对。

有个妈妈因为孩子花钱太多,便让他在自己开的一家杂货铺打工,赚的30%都是他的,但是一个月下来,这个男孩就顶不住了。一方面枯燥的生活让他厌烦,另一方面,一个月赚的钱还不够他半个月的生活费。但是,这次经历却让他明白了挣钱的不容易,也让他学会了节约。

上述故事中,这种让孩子感同身受的方法既不会让孩子反感,还能让孩子迅速成长起来。

专家给您支招

攀比心理通常以"自我"、"虚荣"为基础,追求的是"别人有的我要有,别人没有的我也要有",以显示自己与别人有"公平"的待遇,甚至好过别人，以此获得心理满足。攀比心理隐含着孩子的竞争意识，因此，父母要正确地对待与引导。具体来说，可以从以下几个方面来消除孩子的攀比心理：

1. 干扰孩子的攀比心理，循循善诱

让孩子知道他其实拥有很多独一无二的东西。当孩子看到别人的东西就想要时，可以跟他讲他有的一些东西别的小朋友也没有，同时也要暗示他大家拥有不同的东西可以交换，这样就能拥有得更多。通过不断的暗示可以让他慢慢接受自己不能拥有所有的东西，学会珍惜自己拥有的。

2. 不要有求必应，适当对孩子的消费观念进行引导

无节制地购买，奢侈品其实不利于培养孩子正确的消费观念。人生的价值并不体现在这些方面。父母也应该以身作则，杜绝一些奢侈品的购买。可以买质量好的东西，但是不要见到喜欢的就买，这是冲动的表现。

3. 利用孩子的攀比心理，激励其向好的方面发展

引导、利用孩子的攀比心理促进其发展。孩子与人攀比，说明他有竞争心理，父母可以引导孩子在学习、才能、意志力、好习惯、好品质等方面与其他人攀比，从而激发孩子的上进心，促进孩子各方面的发展。

善用好胜让男孩积极上进

每个孩子都有好胜心,如果父母能正确引导,这种好胜心就能变成一种积极的上进心,这对男孩的成长是非常难得的。反之,则演变成一种不正常的嫉妒心理。

父母可以有意识地创造一些合理的竞争机制,从生活中的方方面面培养孩子积极的上进心。比如在日常生活中,和孩子比赛起床谁起得早、谁起得准时,看谁穿衣服快等。

睿睿是一个爱玩耍的男孩,妈妈让他去学画画,他就是不学。每次让他画画,他都随便画画就扔在那儿了。有一次,他去姑姑家看到表妹在画画,而且画得惟妙惟肖,心里的羡慕之情油然而生。

回家之后,小睿睿拿出自己的画笔开始一笔一画像模像样地画了起来,一画就是两三个小时。以前妈妈还以为他有多动症,这样看来,原来是没有找到他的兴趣。后来,小睿睿还老拿着自己的画去和表妹比,看谁画得好。

不过,有一次发生了一件让妈妈很头疼的事。睿睿和表妹都画海底世界,但是睿睿因为没有表妹画得好,就趁大家不注意把表妹的画藏起来了。妈妈知道这是他的好胜心转变为嫉妒心了,这样下去很不好。睿睿的表妹也在一边急哭了。

妈妈想了想,也把睿睿的画藏起来,然后对他说,如果他画的特别漂亮的画不见了,会不会特别着急。睿睿若有所思地点了点头。妈妈又对他说,睿睿画得特别棒,只是小表妹去过海洋馆,所以画得更好一些,下次也带睿睿去海洋馆,这样他就可以画得更好了。睿睿是哥哥也要向妹妹学习,下次妹妹不会了,睿睿也可以教妹妹。最后,睿睿终于把画交出来并承认了错误。

后来,妈妈给睿睿找了位老师,经过一段时间的学习,他比以前画得更好了,而且也更加懂事了,在学校的比赛中还取得了好成绩。

专家给您支招

每个孩子都有好胜心,这是好事,在好胜心的激发下,孩子做起事情来会更加热情主动,也更容易成功,但好胜心不能过强或没有方向,如果走错了方向就会适得其反。因此,父母要正确引导孩子的好胜心,使其转化为孩子健康成长的动力。

好胜心是上进心的催动力,但它需要父母的正确引导,才能合理地转变为上进心,在孩子的成长过程中起重要作用。

在引导、转化孩子的好胜心时,父母要特别注意以下几点:

1. 父母应该就事论事

很多孩子好胜心切,失败之后不能正确认识自己的不足,反而怨天尤人。有些孩子甚至打击报复别人,这是畸形的好胜心。父母应该告诉孩子,胜败乃兵家常事,失败了要找出自己的不足,努力改进,下次就不会再失败了。但成功了也不要沾沾自喜,这样才能培养孩子正确的好胜心。

2. 培养孩子战胜自我、超越自我的意识

超越自我是一种积极的上进心。孩子一旦形成这种意识,即使没有对手也依然能积极主动地学习。具有超越自我意识的孩子还能够与对手合作,因为他不再看重是否有人超过自己。这种孩子在团队合作中也能迅速成长起来。

第四章　培养男孩的良好习惯

习惯的力量是巨大的，人一旦养成某种习惯，就会不知不觉地在这个轨道上不断发展。当男孩正处于长身体、学知识的阶段时，如果能养成良好的生活、学习习惯，他的一生必将受益无穷。

惜时的男孩做事更讲效率

生活中，很多家庭都会出现这样的场景：早晨起床的时候，孩子磨磨蹭蹭在床上待半天；吃饭前还得摆弄一会玩具；任你喊破了嗓子要迟到了，他们仍雷打不动。很多父母对此感到十分烦恼，但又无可奈何……

其实，并非所有孩子都是"慢性子"，他们的磨蹭是有一定原因的。

首先，这种孩子缺乏时间观念。他们做事爱磨蹭，主要是因为他们对时间没有紧迫感，不知道提前做完一件事情会有什么更好的结果，而且也不认为自己慢有什么不好。

其次，环境对孩子的影响也很大，他们的好奇心使得他们常常被周围的事物所吸引。

再者，孩子做事的效率也受自信心的影响。

除此之外，有时候情绪消极也会影响孩子的做事效率。

磊磊很聪明，会画画，还会拉小提琴，但就是做事太磨蹭。妈妈经常说他做事老是慢半拍。比如每天晚上洗澡，本来半个小时就能洗完，可他偏要拖上一个小时，于是作业没写完就得催他睡觉。

后来，妈妈了解到了磊磊每天做事磨蹭的秘密。是因为每天晚上除了要完成老师留的作业外，还有家庭作业要做。有时候，做完家庭作业还要练画画。为了不做作业，他就在洗澡的时候多浪费点时间，这样就不用被逼着做作业了。

其实生活中，类似磊磊妈妈这样的父母很多。父母这种"望子成龙"的心情可以理解，但是孩子还小，在如此繁重的学习压力下，他以消极的情绪对抗是必然的，这样一来，他的做事效率自然也就低了。

父母既不能对孩子磨磨蹭蹭的行为不闻不问,也不能表现出急躁情绪,急于求成。最好的方法是要保持一种平和心态,以正确的方法引导孩子,相信孩子会在做事效率方面有所提高的。

1.让孩子懂得计划、目的的重要性

要让孩子明白做什么事情之前一定要有一个方向,这就好比我们要到达某个目的地,若无规划,漫无目的,是无法到达终点的。当然,孩子的活动也是如此,如果心中没有任何想法,只是盲目去做,最后必然什么也做不好。

2. 让孩子尝到磨蹭的后果

小猛很小的时候就有做事磨蹭的毛病。即便是现在,尽管早上时间很紧张,他的速度也快不起来。妈妈对此十分苦恼,但还是想到了一个好办法。

这天早晨,小猛像往常一样慢吞吞地穿衣服,但妈妈并没有像往常一样催他,而是任他慢悠悠地整理书包、擦皮鞋,再瞥几眼课外书……结果可想而知,他迟到了,被老师狠狠地批评了一顿……

放学后,小猛的心里很难受。这时,妈妈对他说:"看,我们不喊你,你就迟到了吧!你已经是个小大人了,要学会安排好自己的时间,加快节奏,如果你磨蹭的坏习惯再不改,到时你所收到的就不仅是老师的批评,还可能会误了大事。"

现在,不管做什么事,妈妈都不会催促小猛了。而小猛在吃了几次苦头之后,行动也快多了。

由此可见,孩子在尝试过磨蹭的后果以后,就会自然而然地加快自己的速度。

思考让男孩的思维更敏捷

婴儿刚出生时,男孩和女孩的智商其实是差不多的,但为什么总有人说男孩的智商高于女孩呢?其实,这种现象只是出现在特殊情况下罢了。男孩和女孩的不同之处只是思维方式的不同,男孩子更擅长逻辑思维,他们思考问题往往会通过分析、判断、推理,所以看问题往往比女孩更为深入。

曾经有一位行为学专家说:"思考能够拯救一个人的命运。"确实,人只有会思考才有可能创造,能创造才能真正掌握自己的命运。

在孩子很小的时候,大多数男孩的思维方式和思考能力就表现出了一定的优势。

有个淘气的小男孩,一天到晚总是安静不下来,爸爸为此苦恼不已,为了让儿子保持安静,他就想出了一个办法。

他把儿子叫过来,对淘气的儿子说:

"如果你现在能猜到我心里在想什么,周末就带你去海洋馆。"

"你说的是真的吗,爸爸?"小男孩高兴地问。

"当然了,只要你能猜中,你就能得到它。"爸爸得意地说。

果然,在接下来的两天里,儿子比较安静。到了第三天,小男孩认真地对父亲说:

"爸爸,我知道你心里在想什么了!"

爸爸感觉到很吃惊,就问:"你说我在想什么呀?"

男孩说:"你不是真的要带我去海洋馆。"

爸爸感到更吃惊了,儿子说的没错,他确实没想过真的要带儿子去,既然儿子现在已经猜到了,必须守诺,毕竟儿子的推理比较正确。

我们或许会感叹这个小男孩的聪明，小小年纪就能运用分析、判断、推理的思维方式赢得爸爸的这次奖赏。

有一句话是这样说的："教育就是教人去思维。"其实，教育孩子的目的无非两个：一是掌握好知识，二是发展自身的思维技能。然而，大多数父母往往只注意前者而忽略了后者，因此出现了许多"高分低能"的孩子。

由此可见，开拓孩子自身的首要方法是培养孩子广阔、灵活、敏捷的思维能力。

孩子敏锐的思维能力不会从天而降，而是需要严格的训练和培养。那么，父母该如何培养孩子敏锐思维、善于思考的能力呢？

1. 引导孩子独立思考

认识问题、解决问题的主要手段是独立思考。

很多孩子在遇到疑难问题时，总希望从家长那儿得到答案。但如果父母对孩子有问必答，看似解决了孩子一时的问题，而从长远来看，孩子会养成依赖父母的习惯，一旦遇到问题就想寻求父母的帮助，这对孩子的思维能力的提高没有任何好处。

所以，父母应鼓励孩子独立思考，启发孩子去想象、去分析、去运用自己学过的知识寻找答案，这样，孩子的思维能力必然能得到提高。

2. 鼓励孩子发表自己的意见

很多孩子在发表自己的意见时容易受父母和老师的暗示而改变主意，也容易动摇于各种见解之间，更容易盲从附和随大流，而这种没有主见的做法，往往会影响孩子思维独立性的发展。

那么作为父母，应如何改变孩子的这种坏习惯呢？

首先，父母要给孩子创造一种民主、和谐的家庭氛围，只有这样，孩子才会无所顾虑，畅所欲言。其次，父母要鼓励孩子发表自己的意见，在孩子发表意见的过程中，无论对错，父母都应该让他说完，然后再给予导，要学会肯定他，表扬他。

3．多与孩子玩一些思维游戏

思维游戏也能训练孩子的逻辑思维能力。男孩对这些游戏的接受能力和反应速度往往让父母感到吃惊。所以，父母可以多与孩子玩一些思维游戏，相信用不了多长时间，孩子的逻辑思维能力便会有所提高。

让男孩学会自己当家作主

独立自主对孩子的生活、学习质量以及成年后事业的成功和家庭生活的美满都具有非常重要的影响，所以父母要注重培养孩子独立自主的能力。因为孩子不可能永远生活在父母的羽翼下，迟早是要独立的，他们的未来靠的是他们自己。

由于东西方的思维方式不同，中外父母对孩子独立性的认识和培养也不同。在西方国家，孩子玩耍时摔倒了，父母往往只会在远处注视，鼓励孩子自己爬起来继续玩。然而在国内，父母却常常不让孩子做这做那，说是害怕孩子有危险。

其实，父母对孩子越是过分照顾、担心和保护，孩子越会感到负担重。尽管他被父母保护得毫发无伤，但是同龄孩子该有的技能他一样也不会，他能不苦恼吗？尤其是有的母亲，只要孩子一离开自己的视线，就会想到孩子是不是在路上让汽车撞了，会不会游泳给水呛了，对孩子一万个不放心。曾有人说："这个世上不会有怕孩子摔跤而不让孩子学走路的妈妈。"然而，看看现在，生活中有多少因噎废食的父母？只是因为怕孩子碰着、摔着、撞着，就给孩子设置了许多禁区，不许做这，不许做那，诸多的禁令，让孩子感觉自己如同一只笼中的小鸟。

其实，这种寸步不离的看管与过多的限制，不仅会阻碍孩子身心的健康发展，还会使他们产生自卑、抑郁的情绪。而且在过度保护中长大的孩子，往往缺乏处理实际事务的能力，变得优柔寡断，胆小怕事。而父母为了让自己安心，剥夺孩子一切自由活动的机会。孩子只能常常与收音机、电视机做伴，不与人接触，长此以往，容易造成孩子孤僻、懦弱、不合群等不良性格。

 专家给您支招

其实对孩子来说，他们需要机会自己作决定，以此锻炼自己的决策能力，体验自主决策的感觉。因此，无论怎样担心，父母都应多给孩子创造一些机会，让孩子自己做出决定。

1．给孩子树立独立自主的好榜样

榜样的力量是无穷的。父母的一举一动及个人品质，都是孩子模仿的对象，学习的榜样。如果父母做事犹豫不决，不够果断，就不要指望自己的孩子能够独立自主。独立生活能力是生存与发展的基本能力，但它不是天生的，需要从小就加以培养，而第一步就是要培养孩子逐步养成自立的好习惯。

2．让孩子自己决定穿什么衣服

如果孩子有了基本的冷暖概念，就可以让他穿自己想穿的衣服。千万不要根据自己的喜好来强迫孩子穿他不想穿的衣服。

有些孩子喜欢把自己打扮得不伦不类，其实，只要不是正式场合，父母大可不必特别认真，也不必因此而责怪孩子，应该尊重孩子的选择。同时，可以适当地向孩子讲一些衣服搭配的基本原则，慢慢地，孩子就会逐步明白什么场合该穿什么衣服。

3. 让孩子自己安排时间

从放学回家到休息之前的这段时间,应该让孩子自己安排,比如晚饭后,孩子喜欢先练习书画再写日记,那就让孩子自己决定好了。只要他能做完当天该做的事情,做事的先后顺序又有什么关系呢?

让男孩养成讲卫生的习惯

许多小男孩似乎天生就不爱干净,他们经常是在妈妈的多次要求下才肯去洗澡;妈妈刚帮他收拾好的房间,不到半天就被他搞得乱糟糟的;他们常常在打完球后,毫无感觉地穿着臭袜子满屋乱走;有时候,他们甚至懒得洗脸刷牙……

个人清洁卫生看起来是一件微不足道的小事,实际上却反映出一个人的精神面貌。我们都会有这样的感受,不管一个男孩的长相如何,如果他能以干净整洁的面貌出现在大家面前,大家都会喜欢他,父母也会因此感到骄傲;相反,如果男孩邋里邋遢,父母肯定会感觉特别没面子。

其实,"面子"倒是小事,更重要的是孩子的健康问题。不讲究卫生的孩子更容易生病,比如肚子疼、长蛀牙、易感冒等。

另外,男孩长大后,需要拥有一个成功的个人形象。然而,当男孩养成了不讲卫生的习惯,长大后的他,势必不会有一个好的形象,从而也就不讨人喜欢了。

 专家给您支招

干净整洁不仅能够体现一个人的精神面貌,还会让人充满自信。所以,

父母一定要让孩子知道：不讲卫生、仪表不整洁，就是不求上进的表现。

倘若孩子没有因为道理所动、批评所动、惩罚所动，父母就要放弃这些方法，根据孩子本身的特点对症下药。

1. 为孩子订一个规则

如果孩子有不讲卫生的坏毛病，妈妈可以在他心情比较好的时候，给他订立一个规则，比如不洗手不能吃饭、不刷牙不能吃饭，或者不洗澡不能上床睡觉等。

值得注意的是，在订立这个规则时，必须先征求孩子本人的同意。在规则执行前期，孩子肯定会表现出反对意见或进行反抗，此时父母一定要坚定立场，不然的话，这个规则就很容易失效。

至于孩子自己同意的规则，有时他也会"耍赖"，或者故意进行反抗，这时父母该怎么办呢？一位聪明的家长为我们提供了一个好办法：

由于俊波不讲卫生，我就为他制订了一项规则，但小家伙总是故意与我为难。

"妈妈，我的手坏掉了，我不想洗手了。"俊波又在找一些不合理的理由。

"我们的规则怎样说的，不洗手就要……难道俊波不记得了吗？"

"可是我真的不想去洗手啊。"

我和他爸爸都没有搭理他，等到我们要开始吃饭的时候，俊波也凑到餐桌前。但是，我们就是不给他拿餐具，也不去给他盛饭。

此时俊波的眼睛里开始有泪水了，但是我们并不为之所动，也不去看他，继续吃我们的饭。很快，我们都吃饱了，要收拾桌子了，俊波才可怜巴巴地跟我说："妈妈，我饿了。"

"快去洗手吧！等洗完了手，妈妈就给你把饭菜热一下。"我仍然没有忘记规则。

结果，小家伙乖乖地去把手洗了。在此之后，他便对我们订下的规则坚信不疑。

由此可见，对待不听话的小男孩，父母至关重要的一点就是坚持原则，只有把孩子的"耍赖关"、"发脾气关"、"哭闹关"统统闯过了，小家伙发现无"招"可用了，才会对父母订立的那些规则坚信不疑。

2.借用医生的手和口

每次到了一个新的领域，男孩最关注的事情往往是——谁是"老大"？在他们的心目中，医生就是卫生行业的"老大"。所以，在男孩的卫生教育问题上，医生的话往往会比父母的话要管用得多。

小刚不讲卫生，经常拉肚子。有一次爸爸从医生那里带他回来后，发现他在吃饭前竟然主动去洗手了。于是爸爸就问他："儿子，今天为什么不需要提醒你就去洗手了？"

"医生说了，饭前不洗手就爱拉肚子，我不想拉肚子了，打针好痛呀！"儿子认真地说。

值得注意的是，改掉坏习惯不是件简单的事情，所以，父母必须要有很大的耐心。

让男孩做事有计划有条理

做事有计划不仅是一种做事的习惯，也反映了一个人做事的态度，是其能否取得成功的重要因素。因此，从小培养男孩做事有计划有条理是相重要的。

生活中有不少这样的孩子：早晨，快到上学的时间了，孩子却还在找他的袜子；起来刷牙，却找不到牙刷；想梳头发，却发现梳子不见了……这些现象都是由做事缺乏计划性和条理性造成的。

做事缺乏条理、没有计划是儿童时期的一种自然现象，但只要父母加强引导，孩子就会养成良好的习惯。

 专家给您支招

培养孩子做事有计划有条理对其成长是非常重要的，它不仅可以帮助孩子有条不紊地处理事情，还能培养孩子自立自强的能力。

以下方法有助于培养孩子做事有计划的能力：

1. 让孩子做事有条理

日常生活中，父母应时常提醒孩子不管做什么都要做得有条有理。例如，把房间摆设得井然有序，把用过的东西放回原处，晚上睡觉之前整理好书包并准备好第二天要穿的衣服，等等。这些都可以帮助孩子养成做事有条理的好习惯。当然，父母也不能急于求成，因为让孩子养成做事有条理的习惯不是一朝一夕的事，需要耐心和恒心，还要善于抓住教育的契机对孩子进行适时引导。

2. 帮助孩子制定做事计划

在让孩子做事有计划之前，父母可以先把自己的计划告诉孩子，并且征求孩子的意见，让孩子帮着自己计划。比如，某个星期天你打算带孩子出去玩，可以先告诉孩子这一天的计划，并征求一下他的意见，让他知道计划的重要性。慢慢地，他就会学着去安排自己的事情了。

3. 让孩子按计划办事

在日常生活中，父母也要向孩子强调计划的重要性，并且适时地给孩子的各项行为制定一些计划。当然，在制定这些计划的过程中也应该让孩子参与进来。最重要的是制定了计划以后，必须监督孩子按计划办事，不能半途而废。

培养男孩勤俭节约的意识

泰戈尔曾说：鸟翼系上了黄金，就永远失去了在天空翱翔的机会。同样的道理，在金钱刺激下的孩子，也很容易滋生金钱至上、金钱万能的错误观念。更有甚者，一不小心便会跌入邪恶的深渊。

在培养孩子勤俭节约方面，欧美国家的父母似乎比我们高明许多，尽管他们普遍收入比我们高出很多。

在比利时，学校和父母更注重从生活道理上对孩子言传身教。因此，比利时的孩子经常会说"我还没有攒够钱，不能买自己喜欢的东西"、"我的钱要等到商品降价时才能用"之类的话，他们从八九岁起就懂得了如何"精打细算"地支配自己有限的零花钱。而他们的父母在给零花钱方面是绝不会迁就他们的,在父母眼中,零花钱是孩子初学理财的工具,而不是提供单纯的物质享受的条件。

在美国,常常可以看到一些百万富翁的儿子在校园里拾垃圾,把草坪和人行道上的破纸、冷饮罐收集起来,以获得学校给他们的一些报酬。他们一点也不觉得难为情,反而为自己能挣钱而感到自豪。那些经济并不困难的家庭,也会让八九岁的孩子去打工送报挣零花钱,以此培养孩子自力更生、勤俭节约的习惯。

新加坡培养青少年理财投资方面的教育可谓首屈一指。"节俭和储蓄是美德"这种传统的价值观在人们的观念中根深蒂固。在社会、学校的合力引导下,孩子学会了合理花钱,学会了节俭,学会了存钱。教育部和邮政储蓄银行也每年都开展全国性储蓄运动。

而在我国,许多家庭对孩子在经济以及节约方面的教育都不太重视,不少男孩大手大脚地消费,丝毫没有节俭意识。中国父母普遍认为,孩子只要管好自己的学习就可以了。通过对比,我们不难理解为什么中国孩子对经济的认识相对滞后,对金钱观念相当模糊以及对经济大环境的感觉非常不敏感了。

 专家给您支招

勤俭节约是中华民族的传统美德,它能使孩子具备很多良好的品行,更有利于孩子的健康成长和未来发展。因此,父母要从小就培养孩子勤俭节约的好习惯。

以下方法可供借鉴:

1. 父母要做好榜样

宋朝开国皇帝赵匡胤反对奢侈,生活俭朴。有一次,他见女儿穿了一件用翠羽装饰的短袄,就命令女儿脱掉,并且以后不许再穿。在他的影响下,节俭风气在全国盛行开来。封建时代尚且如此,现在就更不言而喻了。

2. 让孩子不浪费食物和学习用品

培养孩子勤俭节约的习惯要从日常生活中的小事做起,从孩子小的时候教起,不能等到孩子浪费的习惯已经养成再让他改,也不要认为小事无所谓,只要不浪费大的东西就可以。俗话说"由俭入奢易,由奢入俭难",一旦养成奢侈的习惯就很难变回节俭了。

因此,父母在孩子小的时候就要严格要求孩子不要浪费食物,吃不完的东西留着下次吃,在外面吃饭点菜的时候要按自己的饭量来确定,不能什么都要,到后来却剩下许多。不能浪费纸张和铅笔等学习用品。衣服、鞋子能穿就行,不要总是和别人攀比。

3. 让孩子用挣钱来体味勤俭节约

让孩子学会节约最有效的手段就是让孩子直接参与到财富创造的过程中,让孩子学会自己去挣钱,比如让孩子做家务赚零花钱。知道了挣钱的辛苦和不易,孩子在生活中就不会大手大脚花钱了。同时也会想到父母挣钱不容易,知道感恩父母,节约开支。

4. 给孩子准备一个旧物收藏箱

父母可以给孩子准备个旧物收藏箱,让孩子把暂时不用的东西都放进去,这样不仅能给孩子留下一下美好的回忆,还能让孩子养成节约的习惯。

因为有了这样一个箱子,孩子可以存放自己当前不想穿的衣服,鞋帽,玩具、别人送的有纪念意义的东西等。当孩子需要买什么东西的时候,可以到箱子里找找,或许能让这些东西发挥余热,同时节约一笔买新东西的钱。

打造热爱劳动的勤奋少年

热爱劳动是人最重要的品性之一。世界上很多成功人士都有热爱劳动的好习惯。对孩子来说,培养他们热爱劳动的习惯,既能增强其自立自强的能力,又可以使其在劳动中学会生活技能,对今后的生存发展有着很大作用。因此,父母应当从小就重视对孩子进行劳动观念的教育和劳动能力的培养,千万不要把眼光只盯在孩子的学习上。

据有关调查显示,在现在的中小学生中,有将近三分之二的学生不爱劳动或不太爱劳动。缺乏劳动意识的孩子会养成依赖成人的习惯,而且,很多孩子因为缺少劳动的磨炼,长大之后也很难胜任社会上的工作。

其实,从小使孩子养成良好的劳动习惯,对孩子性格的形成也是很有利的。孩子在进入幼儿园后,就应该慢慢懂得怎样讲卫生、爱清洁,怎样自己的事情自己做,怎样帮助小朋友,怎样从事一些扫地、擦桌椅等公益劳动,等等。

从孩子自身来说,他们比较好动,往往很乐意自己动手干点什么。这时,如果父母能因势利导,让孩子参加一些力所能及的轻微劳动,就好像在进行一场特别有趣的游戏,久而久之,孩子既懂得了劳动对人生的重要作用,懂得了生活的艰辛,得到了意志的磨炼,又萌发了靠自己的劳动自立的思想,独立生活的能力也将得到逐步的提高。

专家给您支招

就培养孩子热爱劳动的习惯而言,父母可以从以下几方面着手:

1. 让孩子明白劳动的意义和价值

无论是周围的人劳动的情景，还是城市街道的变化，抑或科学技术的发展，都可以由父母引导着孩子进行观察，让孩子知道这一切都与劳动分不开。节假日的时候，父母可以带着孩子观察那些早早就到工厂生产的工人、在田野里劳作的农民，让孩子体验劳动的光荣与美好。

2. 及时进行鼓励

生活中，我们常常可以看到这样的情形：刚会走路的孩子，就要帮妈妈洗衣服，洗菜，想拿着扫把扫地。这说明孩子具有很强的模仿能力，应对其进行正确引导，对他的兴趣进行培养。孩子做家务活时，要及时肯定孩子的劳动，并给予表扬。想要获得别人肯定和赞许，是每个人都有的一种心理。及时鼓励孩子，并肯定他的能力，有助于增强他的自信。例如，孩子洗完碗后，可以称赞他说：哇，这是谁洗的碗呀，真干净。孩子听了以后，心里肯定比吃了蜜还甜。

3. 让孩子做一些简单的家务

让孩子做些力所能及的家务劳动，例如，有些小东西可让他帮着提，拿肥皂、扫帚、挎包、拖鞋、小板凳等；开饭时可让他帮着搬凳子、摆碗筷，饭后收拾碗筷也可以让他帮忙；买醋、买酱油也可以让他到不远的商店去买；可让他和父母一起打扫居室卫生，如扫地、擦桌椅柜橱；刮土豆皮、择菜、洗菜等也可以让他参与。做这些事会让孩子感到十分快乐，觉得自己长大了，能帮爸爸妈妈做事了。

4. 教给孩子一些劳动的方法

孩子都有着超强的模仿能力，所以，父母可以让孩子通过游戏来模仿成人劳动，从中学习一些实际的劳动方法。例如，可以让孩子给布娃娃洗澡、铺床、收拾自己的玩具、洗衣服等。这样不仅符合孩子自己的兴趣，也能让孩子从中学习劳动的技能。对于一些比较复杂的事情，父母要耐心讲清方法并加以示范，比如孩子稍大一些之后，想学着自己炒菜，缝布口袋；或者是孩子刚开始系鞋带时只会打死结，这时，父母需要做的就是，用正确的方法对孩子进行指导和示范，并创造机会让孩子反复练习。另外，在教孩子做一些事情的时候，让孩子先动脑筋，看他能否独立地想出办法来，比父母直接指导和示范，甚至代劳，效果会更好。

培养男孩善于观察的习惯

任何人学习知识都是从观察开始的。成功人士人正是因为比平庸者有更强的观察力，才能在相同的生活环境下、接受相同的教育后，取得比别人更辉煌的成就。

曹冲就是个善于观察的孩子：

东汉末年，孙权送给曹操一头大象，作为讨好曹操的礼物。

生在北方的曹操，从未见过大象，收到礼物后非常高兴，带领文武百官同去看大象。看过大象后，曹操心血来潮地想知道大象的重量，就让大臣们想办法来称。

大臣们各抒己见，但方法都不能令曹操满意，反而使曹操恼怒起来。就在这个时候，曹操听到人群中有个童音大喊道："我有办法能称出大象的重量，我有办法！"

曹操和大臣们循着声音望去，喊话的正是曹操六七岁的小儿子曹冲，曹操失望地喊道："臭小子，别捣乱，一边玩去！"曹冲受到委屈后不但不走，反而认真地说："父亲，我真的有办法。"曹操将信将疑，便问儿子有什么好办法。

曹冲有条不紊地说："把大象牵到河中的大船上去，在船舷上齐水面的地方刻个标记,然后把象牵到岸上来,抬石头到船上,直到水面和刚才的标记平齐,然后只要把船里的石头都称一下,不就可以称出大象的重量了吗?"

曹操听后不禁连连点头称赞,最后按曹冲的办法果然称出了大象的重量。

一个六七岁的小孩轻而易举地解决了一个满朝文武都不能解决的问题,难道他比大臣们的学问都要高深吗?当然不是,只是他善于观察和分析罢了。

其实,古今中外许多深奥的科学原理都来自于生活中司空见惯的现象。浮力原理是阿基米德在洗澡时发现;一个苹果砸在牛顿头上,牛顿便发现了万有引力原理。这一切都有力地说明:只有善于观察,才能从平常中发现不平常。

苏联教育家赞可夫曾说,纵然有很多原因导致学生的学习成绩落后,但他们有一个普遍的特点就是观察力差。

观察力是人们认识客观事物和现象的基本能力,是智力的基础。观察力强,孩子就有获得丰富的素材、获得真实的感受和正确认识的能力。有素材,孩子才有说话的根据,才不会说空话、假话、废话,对问题判断的正确性也相应提高。相反,若观察力弱,就算瞪大眼睛去看,也不一定能见到很多东西,时不时还会出现错误。因此,人们常说:"善观察者,可见常人所未见;不善观察者,入宝山空手而回。"所以,对孩子观察力的培养是非常重要的。

专家给您支招

观察能力在一个人的发展历程里是相当重要的,那么,父母应如何培养孩子善于观察的习惯呢?

1. 积极引导孩子观察周围的事物

生活处处充满了观察的对象。在家里,父母可以教孩子区分色彩鲜艳的东西,辨别各种颜色;在街上,可以教孩子区别各种类型和品牌的车辆;在公园,可以指导孩子观察各种花草树木和有趣的动物;在商场,可以让孩子观察柜台里琳琅满目的商品，让孩子识别一些简单商品的形状、特点，等等。

2. 扩展孩子的见识，开阔孩子的视野

观察力的高低与孩子视野是否开阔有莫大的联系。孤陋寡闻的孩子，观察力必然受到很大的影响。对于同一种现象，有的孩子能滔滔不绝地说出许多，有的孩子却说不出一句自己的观点，这是什么道理呢？这可能与孩子学习的情况有关。倘若知识学得扎实，能融会贯通，对问题的观察就会比较深刻。所以说，观察力基于知识与经验，反过来，知识与经验的丰富与提高又会促进孩子观察力的发展。

3. 培养孩子多角度观察事物的能力

从不同的角度观察问题可以得到不同的效果。父母要提醒孩子，观察时要努力做到客观、全面地观察，以偏概全、以孤立静止的观点去看变化和发展的事物是不可取的。

做事细心让男孩杜绝马虎

男孩大都粗心马虎,经常把东西忘在家里。这不,小波因为粗心又在挨爸爸的训了:

星期天,妈妈去外地出差了,爸爸要带小波去游乐场玩。爸爸知道小波粗心,出门前故意提醒小波记得拿钥匙。小波向爸爸保证绝对不会忘,为防止自己真的忘了,他还找了根绳子把钥匙挂在脖子上。

东西都收拾好后,父子俩出发了,但到了楼下,爸爸发现天有点阴,便让小波上楼去拿把伞。伞拿回来了,爸爸却发现小波脖子上的钥匙不见了。这时,小波一拍脑袋说,把钥匙忘在鞋柜上了。

其实,让父母更为担心的并不是男孩在生活中的粗心,而是他们在学习上的粗心。很多男孩的父母常常会说:"我家孩子真粗心,要不是粗心,这次就能考100分了。"

"我家那孩子也是啊!要不是因为粗心,这次就能考全班第二名。"

粗心自然而然成了让男孩父母着急的"老大难"。有的家长埋怨、批评,甚至责打,但无数事实证明,这种方法收效甚微。

事实上,完全不粗心的人是不存在的。细想一下,成人还有丢三落四的时候,孩子马虎便也不值得大惊小怪了。对于孩子看错题目、落掉小数点等问题,父母没有必要看得那么严重。

研究表明,在大多数情况下,仅靠"提高觉悟"、"增强警惕性",是解决不了男孩粗心这一问题的。

如果仔细观察,我们还会发现一种奇怪的现象,男孩并不是对所有功课都粗心。他们或许会把语文中的形近字看错,但他们却能把英文的字母表倒背如流；他们或许会把数学题中的算术题算错，但应用题的解题步骤却解答得特别详细。

由此不难发现，每个男孩都会有自己的"粗心点"。他们要么语文经常出错，要么数学很差，要么英语总是在80分左右徘徊。

这是因为，人的情绪、兴趣、自制力等都会对感知的完整性和准确性产生影响。男孩对某门功课如果没有兴趣，学习情绪就不高，就很容易粗心；而有些孩子容易兴奋，控制不住自己的情绪，往往被学习以外的事情吸引，这时更是粗心"出没"的高发期。

专家给您支招

面对孩子的粗心，父母千万不要瞎指挥、乱批评，更不要期望一蹴而就，而要拿出更多的耐心和宽容，慢慢想办法，在日常生活的一点一滴中，培养起孩子细心的习惯。

1. 帮助孩子找到"粗心点"

每个孩子在学习方面都会有粗心点。为了让孩子尽快改掉学习上马虎、粗心的坏毛病，父母必须帮助孩子找到粗心点。以下是一位家长的经验：

我家儿子数学成绩不好，在我和儿子的仔细分析下，发现不是题不会做，而是每次都把题目看错。因此，我们发现儿子的"粗心点"就是容易看错题目。

于是，我告诉儿子："你粗心是因为每到审题时，你的思维就滑过去了。你以后每次做题时，可以先停一下，闭上眼睛数3个数，睁开眼再继续往下写，这样就不容易错了。因为你有意识地给它设了一个障碍，没让思维滑过去。这和警察叔叔在交通事故多发地段设置提示牌是一样的道理。"

用了这种方法之后，儿子因为粗心而犯的错误率真的减少了。

面对孩子的粗心，父母的批评、"政治课"都无济于事，倒不如具体地帮助他找到问题的症结，帮助他解决问题。

2. 围绕细心作文章

对于孩子粗心的问题，父母习惯于抱怨和批评，但这样做往往适得其反。其实，父母如果转换一下思维，围绕细心作文章或许会有意想不到的收获。

一位家长曾多次批评儿子粗心的坏毛病，但儿子仍然没有变得仔细。直到有一次，他把一张地图撕得很碎，让略懂地理知识的儿子把它拼好。儿子竟然两分钟就把它拼好了，这位家长很纳闷地问道："你是怎样做到的？"

"地图的后面是个人头像，我把这个人头像拼好了，地图也就拼好啦。"儿子骄傲地回答。

"儿子，能够发现地图后面的人头像，说明你真的很细心呀。爸爸对你有信心，你一定会把学习中那些粗心的坏毛病改掉的！"爸爸鼓励儿子。在爸爸的不断鼓励下，小男孩一点点地改掉了粗心的坏毛病。

父母一定要注意，当孩子有粗心的毛病时，一定不要给他贴上负面标签。"你就是一个'小马虎虫'"、"你真是屡教不改"、"我看你这粗心的毛病是真改不了了"……听了父母这样的话，孩子或许就会真的认为自己的缺点改不掉了。

人都有求证心理，男孩更是如此。如果父母努力去寻找他的细心点，不失时机地给予他肯定和鼓励，男孩便会有种自己真的很细心的感觉。久而久之，当他的细心点越来越多时，细心便成为了一种习惯。

让男孩克服拖拉的坏习惯

现实生活中,我们经常看到有些孩子总是习惯于把作业拖到快交时才开始赶着写,早上慢慢腾腾地起床,快要迟到了才知道着急。很多孩子都有行事拖拉的坏习惯。行事拖拉是一种惰性,如果人的精力被惰性所控制,慢慢就会懒散成性,以致失去良机,一事无成。

"明日复明日,明日何其多。我生待明日,万事成蹉跎。"要想让孩子不荒废岁月,得到好的成绩,帮助孩子养成立即行动的习惯就显得尤为重要了。

一般来说,贪玩、不应有的干扰、因问题难以解决而犯愁犹豫,都可能使孩子养成拖拉、磨蹭的习惯。父母要帮孩子找出拖拉的原因,对症下药,才能得到预期效果。

专家给您支招

孩子做事拖拉,有的与孩子的性格有关,有的和孩子的生活习惯有关,父母不能一概而论,应该具体问题具体分析,帮助孩子改掉拖拉磨蹭的坏习惯。下面几种方法可供参考:

1. 告诉孩子做事不要避重就轻

人天生喜欢避重就轻,但到头来只会积重难返,难上加难。父母应该鼓励孩子勇于挑战棘手的事。如果他习惯于是先做容易的事,再做困难的事,不妨让他倒过来试试。也许他会发现所谓的难题并没有那么难,从而受到极大的鼓舞,剩余的任务也就迎刃而解了。

2. 教孩子学会把任务化大为小

出成绩的人大都善于化大为小,逐个击破。比如一个人想写一本200页的书稿,他只需每天写一页,轻轻松松就能搞定,不到7个月就可完成。但如果他只是想到要写200多页,还没开始便被目标本身吓倒。所以,有了艰巨的任务,我们要学会分解它,把它化成一个个小任务,再一个接一个地完成。

3. 用小事培养孩子战胜惰性的习惯

父母平时要教育孩子快速完成起居、走路、吃饭、整理内务等,绝不磨蹭。在这方面,著名京剧演员郝寿臣的方法给了我们很多启示:郝先生在床头贴了一个"睁眼就起"的条幅。每天一早,就算很困,只要一睁眼,他便一骨碌爬起来,匆匆洗漱。在桌边,又有一个"赶快吊嗓"的条幅,于是他又抓紧练功,一天紧张的生活开始了。借鉴郝老先生的做法,可有效帮助孩子战胜懒惰。

第五章 挖掘男孩的学习天赋

> 一个孩子能否取得好的学习成绩,关键在于他是否具有学习潜能,即学习能力。在日常生活和学习中,父母要注重培养男孩这种潜在的学习能力,即主动学习的能力,因为它能够促进孩子不断进步、创造奇迹。

巧妙引导让男孩爱上学习

大多数男孩认为学习是件苦差事。男孩们常常这样表达他们对学习的反感态度："我宁愿去干力气活，也不愿呆坐着一动不动地学习。"我们不能完全怪男孩不爱学习，有时，学习所需要的状态的确跟男孩的某些天性相悖。

学习需要长时间静坐，而男孩却天性好动；学习需要注意力集中，而男孩的注意力却非常容易分散；学习需要耐性，不巧男孩却最容易失去耐心；学习是一件很烦琐的事情，而男孩天生怕麻烦……

那么，是不是男孩的这些天性注定他们学习不好呢？答案当然是否定的。虽然男孩有这样那样学习的弱项，但他们也有学习的强项：大多数男孩的逻辑思维要比女孩强，所以数学、生物、物理、化学等让女孩头痛的理科学科，对于他们来说往往是小菜一碟；男孩喜欢竞争，而恰当的竞争心理会使男孩的学习成绩进步很快；男孩天性喜欢探究事物，而探索恰恰是最科学的学习态度……

所以，聪明的父母会对男孩的学习弱项进行一些调整，恰当地引导男孩的学习强项，把学习也变成男孩一种乐趣。

不喜欢学习的男孩，成绩往往很差；而那些把学习当做乐趣的男孩，则能轻易考出理想的成绩。所以，父母一定要引导孩子爱上学习，他才会学习好。

1. 父母要做爱学习的榜样

如何激发孩子的学习兴趣？这就要求父母要做到言传身教。父母的学习兴趣对孩子有着潜移默化的影响，令人钦羡的书香门第、音乐世家等就很好地证明了这一点。

所谓"言传"，就是通过讲道理尽早让孩子了解学习的好处。一位全国"三好学生"的妈妈这样向别人介绍自己的教子经验：

儿子刚刚懂事，我就经常向他灌输这样的思想："世界上拥有最强力量的人是谁？是有智慧的人，有智慧的人是无法战胜的。那智慧来自哪里呢？是从学习中得到的。"

"将来我们都会变老，无论现在长得美的丑的，老了大家相貌都差不多，不同的是什么呢？用一生积累知识的人，也就是一生都在学习的人，即使老了，也是高贵美丽的。"

就这样，儿子一上小学就对学习特别感兴趣，每天放学后，都主动把作业做完再去做别的事情，从来不用我们提醒。

俗话说，身教重于言传，如果孩子都不曾见过父母学习，父母再让他学习，他就会理直气壮地说："你都不学习，我为什么学习呀？"如果父母都是酷爱学习的人，孩子就会经常看到父母伏案苦读的身影，他自然会主动向父母学习，把父母当做自己的榜样。

2. 帮孩子找到学习的黄金时间

一天当中，每个人都有精神状态最佳、精力最好的时候，对孩子来说也是如此。让孩子在精力最佳时学习，不仅能提高学习效率，还会让他爱上学习。

那么，如何寻找孩子学习的黄金时间呢？父母可以让孩子把每天做每件事开始和结束的时间做个记录，一周之后，再和他一起研究这份记录表，每天效率最高的那段时间就是他学习的黄金时间。

3. 帮孩子找到最科学的学习方法

既然知道孩子有坐不住、注意力容易分散的弱项，父母不妨避开这个弱点，采用科学的方法教孩子学习。

小涛小的时候，爸爸经常会给他看一些百科图片来扩大他的知识面。有一次，爸爸教小涛认识昆虫，看了一会儿，爸爸提议道："我们去公园捉刚刚看到的这些昆虫吧！"

爸爸的提议立刻得到了小涛的响应，于是父子俩很高兴地去了公园。捉昆虫可不是件易事，但经过他们的共同努力，还真捉到了一个小涛刚刚在书上看到的"七星瓢虫"。

那一天，小涛不仅学到了很多知识，还收获了动手实践的乐趣，也加深加了亲子之情。

总之，让孩子爱上学习并不是多么困难的事情，关键看父母怎样去引导。日常生活中，父母要多花一些心思，多用一点耐心，循循善诱地去培养孩子的学习兴趣。

有效训练让男孩记忆超群

记忆是大脑的一项重要功能，更是人们获取知识的必要手段。对于几岁到十几岁的孩子来说，好的记忆力尤为重要。他们需要依靠记忆来吸取知识，而且这个阶段的孩子所学的知识是系统的、渐进的，是孩子后期学习的基础。如果对前面学过的知识没有记忆和理解，未来的学习就会难上加难。

一般来说，人的记忆能力是非常惊人的。一个正常人的脑记忆容量相当于5亿本书的知识总量，一个人一生能储存1000万亿个信息单位。这种能力，连计算机也望尘莫及。一个孩子记忆知识所需要的脑容量，只是大脑仓库中极小的一部分而已。

所有父母都望子成龙，都希望孩子聪明过人，记忆力超群。对孩子而言，学习很大的一个障碍就是记忆力差。令人欣慰的是，记忆力是可以培养的。正如我们常说"天才=1%的天赋+99%的后天努力与培养"，好的记忆力也是如此。虽然出生时孩子们的记忆力或多或少地存在着一些差异，但后天的记忆力的培养与训练却可以弥补这些差异。

据史书记载，我国伟大的史学家司马迁幼时记忆能力很差，念书时，背诵的作业总不能流利地背出。老师检查时，他往往语无伦次。当他认识到自己的缺点之后，奋发图强，策马扬鞭，抓紧一切时间阅读背诵。在付出许多汗水与努力后，他终于成为记忆力较强的人。好的记忆力为他后来成为大学问家奠定了基础。

记忆的方法有很多，父母最主要的任务就是将孩子引入记忆方法之门，让他自己探索记忆宫殿，促使他去探索、交流、创造适合自己的记忆方法，从而达到提高记忆力的目的。那么，在实际操作中，父母应该如何训练并提高孩子的记忆力呢？

1. 提高孩子记忆的自信心

美国心理学家胡德华说："凡是记忆力强的人，必然对自己的记忆充满信心。"但很多孩子在背课文、记公式和英语单词之前会产生畏难情绪，担心自己记不住，有点妄自菲薄。于是，孩子就在心理上产生了抵御记忆力的因素，对自己进行自我催眠，从而强化自己记忆力不好的意识，这样一来，自然就记不住了。

这时，父母千万不要打击孩子的自信心。有的家长骂孩子"你一点记性也没有，什么也记不住，对你说了也是白说"，这是很不妥当的。当孩子遇到记忆难题时，父母一定要耐心帮助他，让他感受到父母对他的信心与耐心。

上小学四年级的乐乐经常苦恼地向妈妈抱怨:"妈妈,我的《社会》课本总也背不过,所以老挨老师的批评。又要考试了,怎么办呢,看来这一科又要给我拉分了。"

妈妈看了看一筹莫展的乐乐,笑着对他说:"别紧张,慢慢来。你很小的时候就能背很多唐诗,你的记忆能力是毋庸置疑的。只要你用心记忆,把那些东西全部记住是绝对没有问题的,妈妈充分相信你。"

乐乐仔细想了想,自己小时候的记忆力的确很好,经常被幼儿园老师表扬,现在的记忆力也应当是没问题的。

随后,乐乐便用这样的心态去对付那些需要记忆的科目,效率提高了很多,而且还发现自己的记忆力自始至终很棒。

当孩子对自己的记忆力产生怀疑时,父母要及时给孩子积极的暗示。"你一定能记住的,你很棒的,我真为你骄傲"、"你小时候在背诵诗歌大赛上还得过奖呢"、"妈妈像你这样大时远远不如你呢"……当孩子对自己的记忆力充满信心时,再让他背课文、记公式就是小菜一碟了。

2. 运用重复的方法巩固孩子的记忆力

反复重复是记忆的基本方法,对幼儿更是如此。我们知道,重复可以使大脑中冲淡的印象变得深刻,模糊的印象变得清晰。因此父母要不厌其烦地反复做某些事,不断让孩子看、听、摸、闻,从而巩固孩子的记忆。

此外,孩子往往也喜欢重复,他们可能要求父母多次重复同一个故事,直到能记熟为止。但在采用重复的方法培养孩子的记忆时,也应该讲究方法。科学研究表明,遗忘的规律是先快后慢,即短时间内一下子会遗忘很多东西,往后则越来越少,针对这种现象,平时要防患于未然,采取先密后疏的原则。记住这个原则,就是让孩子在刚学了新的知识时,要抓住记忆还比较清晰的时机,及时加以巩固,不能等遗忘了再巩固。除此以外,重复的间隔时间也要由近逐渐拉长,比如培养孩子的复述能力,最好是第二次与第一次的时间间隔为1~2天,第三次间隔2~3天为宜,经过多次重复之后,间隔的时间可以更长些,每次重复的时间则可以少一些。这样的重复训练效果很好,又不浪费时间。

3. 让孩子理解后再记忆

昊昊是个记忆力很好的孩子,刚上小学一年级就能把《论语》中的一些篇章背得滚瓜烂熟。一次在放学的路上,昊昊一口气背了《论语》上的很多内容,晨晨的妈妈大加赞叹,便向昊昊的妈妈取经:"你是怎样让孩子记住这么多内容的呢?太不可思议了!"

"平时我经常给孩子讲孔子与他的学生的故事,讲得多了,他自然就理解了,也就记住了。"昊昊的妈妈笑了笑说。

"这么小的孩子能理解得了吗?昊昊,来,阿姨考考你,你背的'知之为知之,不知为不知'讲的是什么呀?"晨晨妈妈显然不是很相信昊昊妈妈说的话。

"知道的你就说知道,不知道的你自然就说不知道,一定不能不懂装懂。"昊昊饶有兴趣地讲解道。

"你还真是理解后再去记忆的呀,好厉害啊!我回家也这样教我们家晨晨背书。"晨晨妈妈心服口服了。

理解促进记忆,只有理解的东西才能记得牢记得久。仅靠死记硬背,不但耗时长,孩子记起来也会相当困难。因此,当孩子在背文言文、记物理或数学公式等有很强逻辑性的东西时,父母要帮助孩子做到理解后再记忆,这样比摇头晃脑地死记硬背、不求甚解地机械记忆效果要好得多。

4. 教孩子利用直观形象进行记忆

心理学家的统计和研究结果表明,小学生比较擅长具体形象的记忆。直观、生动形象的东西,特别是视觉映像,容易给孩子留下深刻的印象。根据这个原理,当孩子记忆一些抽象的东西时,父母可以指导孩子将抽象的东西尽可能与具体、形象的东西结合起来,在形象的基础上,记住一些抽象的概念。

一个孩子自豪地对妈妈说:"妈妈,我很快就记住了你的电话号码:33329916。"

"你是怎样记的呢？"妈妈好奇地问道。

"你看，3332是我们居住区域的邮政编码，99是朋友居住的那幢楼的号码，而16是朋友家的门牌号。这几组数字连起来正好是33329916。"

5. 教孩子妙用谐音

当下许多学习知识都很难记忆，因为从它们之间不易找出有意义的联系，比如历史年代、统计数字等。但如果能够利用谐音把这些抽象的学习材料与某种形象的事物联系起来，就很利于记忆了。

据说有一天，一位老师要上山与山顶寺庙里的和尚对饮，临走时给学生布置作业，让学生背圆周率，要求他们背到小数点后22位：3.1415926535897932384626。

大多数同学都背不出来，而有一个聪明的学生把老师上山喝酒的事结合圆周率数字的谐音编了一句顺口溜："山巅一寺一壶酒，尔乐苦煞吾，把酒吃，酒杀尔，杀不死，乐而乐。"待老师喝酒回来，同学们个个都倒背如流。

这位聪明的学生正是利用谐音法来帮助记忆的。利用谐音法还可以帮助记忆某些特殊历史年代。比如说甲午战争爆发于1894年，用它的谐音"一把揪死"就特别容易记住了。

但是，谐音记忆法只适于帮助我们记忆一些抽象、难记的知识，并不能放之四海而皆准，用于记忆所有知识。

设法消除男孩的厌学心理

厌学心理是一种对学习产生厌倦乃至厌恶,从而逃避的心态。主要表现为缺乏求知欲,对学习产生畏难情绪,感到无能为力,找不到目标和希望。调查表明,大多数孩子的厌学情绪与他们是否聪明没有多大关系。但厌学心理的产生与发展将直接影响学生的学习和成绩,甚至危害他们的身心健康。

正在上中学的12岁男孩赢波,越来越让父母失望,成绩一路下滑,一颗心也全没用在学习上。尽管他从来不逃课,也不破坏班级纪律,还很听老师的话,能够中规中矩地坐在课堂上听讲,在家努力完成作业,家长给他报的辅导课程也每次都去,而且也会尽量完成辅导老师布置的作业,但是成绩总提不上去,后来妈妈发现儿子一直在装样子给父母看,事实上他在学习上经常遇到问题,但从来没有认真去解决,也从不主动向老师、家长请教。

但从赢波看电视、玩游戏、与同学交往的积极性和聪明劲来看,父母判断儿子的智商绝对没有问题,问题可能在于——身在曹营心在汉,人在学习,心在他处。更令父母头疼的是,他们也不知道赢波整天都在想什么,因为孩子也不会主动和他们说。眼看赢波升学就迫在眉睫了,父母为此十分着急。

孩子在学习过程中所表现出的冷淡、怠慢等消极情绪和行为方式,都是青少年厌学情绪的表现。据多项调查结果表明,厌学已经成为现如今学生们的主要问题。

因厌学而产生的学习成绩不如意的结果,容易被父母误认为是孩子智商有问题,为此,父母对孩子的教育态度就会变得焦躁,甚至会对孩子绝望,无奈地说孩子"没治了"、"没希望了"等丧气的话。在这种学习氛围下,厌学对孩子的消极影响就不仅是学习成绩低于潜在能力所能达到的水平了,还会因此影响孩子的自信心和个性品质。

通常来讲，厌学情绪可分为3种不等程度：轻度厌学、中度厌学、重度厌学。轻度厌学的表现为：孩子不喜欢或是不想学习，如注意力涣散、做作业时偷工减料、听课时总是走神等，赢波就属于这种情况；中度厌学表现为：孩子会经常逃课或是逃学；重度厌学则比较严重，可能会发展成为心理问题，如品德、动机、个性或是躯体上出现问题，这种情况需要专门的心理辅导和矫治。

一般来说，轻度厌学症容易被老师和家长忽视，中度和重度厌学症才能引起老师和家长的关注。实际上，很多孩子都处于轻度厌学症的边缘，稍不留神就会发展为中重度厌学症，对孩子的隐性危害深远而持久，所以理应引起父母的高度重视，一旦发现就要及时用科学的态度和方法加以引导。

经调查发现，大多数孩子的厌学情绪与他们是否聪明没多大关系。厌学情绪的主要原因有以下几个：

1. 学校生活的压力

学校是学生学习、生活的主要场所，是青少年成长的主要场所。在学校里，学生们的成绩不可能没有差距，有人名列前茅，自然就有人相对落伍，如果他们原地踏步，将永远是班级的后进生。更可怕是，强烈的自卑感由此而生，时间一长，这些后进生又怎能永远保持猛烈的势头学习呢？

下面是一位小男孩的心声：我是一名小学六年级的男生，妈妈对我说，等我小学毕业后就不让我读书了。其实我也非常非常怕读书，因为每次考试总考最后几名，同学们都看不起我，我自己也抬不起头来，但老师说读书少了将来会没出息的，我该怎么办呢？

事情还远不止如此简单，即使是那些暂时过了"关"的学生，也有一部分人在后来的学习竞争中落后，这主要指班级中的中等生及优生而言，中等生们除极少部分能通过努力而跻身于优生的行列外，大部分就似乎永远只是中等生了。这种比上不足、比下有余的位置也让他们很尴尬，虽然他们有使自己成为优等生的想法，而且也曾为之付出努力与汗水，但由于自身素质、学习方法等因素的影响，始终难以如愿。一个人拼尽全力却不能实现愿望，他的原动力和上进心就可能会丧失,慢慢地,中等生就成为后进生,甚至产生厌学情绪。

那么,优等生为什么也会成为后进生,也会厌学呢?这主要是心理负担的负作用,因为人人都有一个"面子"观念。优等生不愿因自己的松懈而让师生产生不好的看法,因此他们时时处处严于律己,以保持现有的地位。久而久之,无形之中,他们背上了"优秀生"的包袱,在学习和心理的双重压力下,他们本来就很脆弱的意志是很容易崩塌的,往往一次失利就会令他们一蹶不振,长此以往,这些优秀生就会加入后进生的行列,而且他们一旦厌学,后果将更严重,心理落差更大。

2. 家庭环境的影响

家庭本应是学生在校学习的加油站和避风港,但往往由于部分学生家长的指导思想自身有偏差和教育方法欠妥,对学生厌学的影响也不容忽视。家庭条件较优裕的家长往往偏爱甚至溺爱孩子,生怕委屈了自己的孩子,对孩子常常有求必应,殊不知这种不当的教育与过分的"纵容"对孩子的身心健康是极为有害的,因为它助长了孩子的优越感。古语有云,生于忧患,死于安乐,这可能使他们的进取心减弱而不思学习,甚至厌恶学习。

尤其是一些农村学校的家长,由于自身文化素质不高,对孩子的教养态度失当,要么对孩子的学习漠不关心,给孩子灌输读书无用论的思想;要么要求过严,超出其能力水平;要么不关心孩子的学习过程,只重视学习结果,当孩子成绩不理想时,父母便一顿痛骂或一通好打,使之对学习产生消极的情绪体验,从而导致厌学情绪的产生。

3. 社会生活的诱惑

社会生活的大门时刻向孩子敞开着,并展现出五花八门的社会生活景象。社会生活中那些不良风气、错误的舆论导向,特别是改革开放以来追求资产阶级生活方式的浊流,时时刻刻都在摧残着孩子那经不住诱惑的意志。在这样一种强大的外力作用下,孩子在汹涌而来的厌学潮流面前更显得力不从心。

在农村,很多不良风气仍然存在,很多父母置孩子于不顾,白天忙着挣钱，晚上只顾自己娱乐，任由孩子乱玩。有些孩子每天一放学便聚集在一起玩牌，虽然不赌钱，但从他们兴奋的眼神中可以看出，玩牌肯定比写作业、看书有意思。

消除厌学情绪的科学方法如下：

1. 帮助孩子树立信心

信心是前进的动力，进取是成功的阶梯。在学习上，气可鼓而不可泄，家庭教育的技巧就在于如何创设成功机会，满足孩子自尊心和自信心的需要。厌学者的显著特点是丧失信心，有点破罐破摔的感觉，若父母适当降低对孩子的学习要求，创设特别的情境，帮助孩子成功使之体验到成功的喜悦，就可使孩子产生积极、主动的学习动机，增强自信心，克服自卑心理，摒弃厌学情绪。在孩子每一次作业、考试或是成长经历中表现有进步时，父母应该适时地进行表扬，使孩子看到希望，树立起学习的信心。一个人一旦有了成功的决心和信心，就能保持最佳的精神状态，并积极主动地去学习。父母应该给孩子减压、松绑，不要过分强调竞争与赶超；要多倾听、多宽慰、多疏导，鼓励孩子：只要花了力气，学出自己的水平就是成功。此外还要多关心孩子的休息和心境。

2. 关注学习过程，注重细节

父母不能因为成绩好就将孩子捧得高高在上，成绩差就将孩子狠狠地摔在地上，随心所欲，对孩子想管教就管教，不想管就不闻不问。正确的做法是科学地关注孩子的学习与变化过程，多与孩子进行交流，定时检查孩子的学习情况，常做朋友式的交流与沟通，为孩子营造轻松愉快的学习氛围。

关注孩子的学习细节，首先做到寓教于乐，然后扬长避短，让孩子养成良好的学习习惯。

3. 创设良好的家庭教育环境

父母完全可以针对孩子的学习兴趣和能力，和孩子一起制订一份有针对性的学习计划。父母不要当着孩子的面因他的学习或对家庭教育意见不同而争吵，不要一天到晚千叮咛万嘱咐，让孩子感到唠叨没完没了。尽量减少或避免人情往来的应酬，嘈杂的家庭环境会让孩子心绪不宁、烦躁不安，不能聚精会神地学习。

另外，父母还要通过家长会、家长经验交流、订家教报刊以及阅览有关青少年心理方面的书刊等形式，学习如何教育孩子做人，如何指导孩子学习，如何指导孩子树立高远理想，如何实现自身的人生价值等，帮助孩子消除厌学心理。

挖掘乐趣让男孩学好英语

父母们也许都有过这样的体会，学生时代，不论是小学初中还是高中，班上大多数男孩的外语成绩都不好，即使是成绩很棒的男生，外语往往也是最令他们头痛的科目。这种现象目前仍然存在。因此，大多数有男孩的家庭都面临着一个同样的问题：孩子对外语产生了畏难情绪，他们先是对那些需要花费大工夫记忆的外语单词很反感，接着那些多变总让人理不清头绪的语法又让他们感到心烦……

难道上天注定了大多数男孩都学不好外语吗？是什么造成了男孩对外语产生了畏难情绪呢？

的确，由于不处在外语的语言环境中，使孩子听、说等锻炼的机会很少，所以要想学好这门第二语言，需要孩子足够的耐心和精力。但男孩天性好动，坐不住，而且没有耐心，所以他们讨厌那些长长的单词和繁冗的语法。如果男孩讨厌一件事情,即使这件事对他很重要,他也不会怀着愉悦的心情并花太多精力去做这件事。所以,要想让男孩学好外语,首先要帮他消除对外语的反感情绪。

此外,父母强烈的功利心往往是男孩不爱学习外语的第二大因素。

生活中,我们时不时会听到一些父母这样教育孩子:

"你怎么就这么笨呀,脑袋里跟装了浆糊一样,我像你这样大的时候都能和外国人对话了。"

"别的孩子英语成绩都很好,你怎么就考这么几分呀,就不会多跟别人学习学习。"

"看人家小强都能用英文讲故事了,你怎么连几个单词还不会读呀。"

任何人学习语言都是有"静默期"的,这就像孩子刚刚出生其实就具备发声能力,但他们要到一岁多才开始咿咿呀呀地学习说话,只有经过一年多的"输入"才会有"输出"一样。所以,在孩子学习第二语言时,父母首先要放平心态。如果父母的功利心太强,不顾男孩学习外语的特点,只是盲目地催促孩子考级、与其他孩子进行比较,只会使男孩学外语的积极性大受打击,越来越厌烦学习外语。

 专家给您支招

如果孩子的外语成绩不是很理想,父母首先应该戒骄戒躁,不能一味地责备孩子。要知道,只有正确的引导才是提高孩子外语成绩的最有效途径。

1. 提高孩子学外语的兴趣

一旦男孩对学习外语有了浓厚的兴趣,他就会静下心来去学。其实,对于一些爱表现、容易激动的小男孩来说,让他爱上外语并不是件很难的事情。

小辉的妈妈不懂外语,有一次,朋友送给她一个进口的化妆盒。小辉回家后,她急匆匆地想向儿子炫耀,但是打开包装后,无论如何也打不开盒子,更可气的是包装上面只有几个英文字母,连一个汉字都没有。妈妈没有办法,

但碍于面子又不好意思告诉小辉她打不开,只得试着问小辉:"儿子,你来帮妈妈看看,这个盒子上的英文是什么意思?"

小辉看了一眼,开心地笑了,说:"妈妈,你是不是不知道怎么打开这个盒子呀?这个单词'push'是'推'的意思,这里有一个按钮,你看这样,这个盒子不就打开了吗?"小辉像老师一样教妈妈,很轻松地打开了盒子。

妈妈有点不好意思了,但看到小辉那高兴的小脸蛋时脑中灵光一闪:这可是让儿子学好外语的绝佳办法啊。于是对小辉说:"儿子,以后妈妈跟你学外语,好吗?妈妈有点落后了。""好呀,不过你要听我的话哦。"小辉自豪地摆出一副小大人的姿态说。

妈妈真的按着小辉的要求从"A、B、C"开始学外语了,正如她所预期的,她的"小老师"的外语成绩也在直线上升,可谓教学相长。

有时,父母找机会向孩子请教难度适中的问题,会很大程度地提高孩子学习的兴趣。比如教奶奶学外语、给小妹妹小弟弟外语启蒙,等等,都能很大程度地调动孩子学习的积极性。

另外,如果父母的外语水平也不好,但能有信心和孩子一起学习,这对孩子是一个很大的鼓励,这种新鲜的体验也会增加孩子的兴趣。

2. 让孩子养成科学的学外语习惯

习惯是一种巨大而持久的力量,许多事情都是靠习惯的力量去完成的。在孩子学习外语的过程中,养成良好的学习习惯,不仅有利于他的外语水平步步提升,而且还能促使他的整体语言能力大大提高。

首先要让孩子养成认真耐心听讲的习惯。即,先用心静听录音。听准了听会了后,才跟着学说。如果刚刚开始听就急着跟着说,会使孩子对磁带产生依赖性,离开了磁带,就变哑巴了;也不要听不准就跟着说,这会使孩子的口语进入一个误区,对听力帮助也不大。

其次,要鼓励孩子放声阅读,不要害羞。父母要不断鼓励孩子大声地朗读并且勇敢地与别人对话,这样不但有利于锻炼他的口语,而且当他的发音、语法出现错误时,也利于及时发现并纠正。

第三，父母要鼓励孩子大胆地联系实际，辅以一定的肢体语言。人们的语音语言和身体语言是相辅相成的，做动作可以帮助孩子理解语言、表达语言，也有助于记忆，还会增加趣味性。

善激发让男孩成数学高手

一提到做数学题，很多男孩都会很兴奋，因为他们对数学感兴趣，尤其是喜欢向有点难的数学题挑战。

男孩喜欢数学，与他们的思维方式有关。我们都知道，男孩的逻辑思维能力要比女孩强得多，因此，那些具有很强逻辑性的数学题对男孩来说往往是小菜一碟；而且，由于男孩的空间感比较强，让女孩感觉痛苦的立体几何往往也让男孩很有成就感。

不过，尽管男孩喜欢数学，也愿意主动去学习数学，但对于他们的数学成绩，父母们往往还是很忧虑。很多男孩的父母都向老师反映这样一个问题：我家孩子爱学数学，也能够做出很难的数学题，但为什么他的数学成绩还常常不及格呢？

乐乐经常很轻易就把老师出的一些很难的数学题"攻破"，因而深得数学老师之心。但在一次期中考试中，他的数学成绩竟然不及格。老师对此也大吃一惊，然而分析了一下他的试卷后，发现他做错的都是那些很简单、大多数学生都会做的题目，犯了很多低级错误。于是，老师把乐乐叫到办公室，把试卷拿给他看，并很真诚地问他："你能不能告诉老师，你在做这张试卷时是怎么想的吗？"

乐乐面带愧色地看着那些出错的题目，不好意思地说："老师，我知道自己哪里错了。试卷刚发下来时，我大体浏览了一下这些题目，发现差不多都是我会做的，而且认为这样的题目我能考100分。但是由于看错数、抄错答案等各种因马虎而产生的错误,我都没及格……"

乐乐说出了很多男孩的心声:他们不怕数学题目难,相反,他们怕的是题目太简单。所以,要想让孩子的数学成绩一直名列前茅,父母应在必要的时候提醒他不要放松警惕,再细心都不为过。

专家给您支招

由于男孩的逻辑性较强,可以说每个男孩都有一个数学家的头脑,只要父母辅以正确的引导方法,男孩的数学天赋就能被完全激发出来,成果定将斐然。

1. 让孩子体验数学的乐趣

一位爸爸问他的孩子:"儿子,一张长方形的纸片有四个角,对吧,如果我现在剪去一个角,还剩几个角?"孩子脱口而出:"3个。"这时,爸爸神秘地笑了笑,对孩子说:"3个吗?你剪一下试试看。"

孩子真的动手剪了,剪完发现纸竟然有5个角。爸爸顺势引导他:"继续剪一下,看能不能剪得只剩下3个角?"孩子的兴趣被提起来了,于是就接着剪,当他沿着对角线剪开那张纸时,这张纸变成了一个三角形。此时,爸爸实时地提出表扬,那一刻,他的高兴之情溢于言表。

父母要多鼓励孩子动手做数学试验,这样不仅能让孩子亲身领悟到书本上的某些结论,还能促使孩子多动脑筋,可能就此为创造发明埋下伏笔。

大量研究证明,孩子良好的学习素质一半来自父母的巧妙培养。因此,父母在辅导孩子学习数学的时候,应多给他提出一些有趣的问题并引导他开动脑筋寻找数学规律、鼓励他自己"动手"体验数学的乐趣。这样,孩子很容易会爱上数学,从而学好数学。

2. 提高孩子的逻辑推理能力

逻辑思考能力是指从已知的条件,推断未知的结果,懂得分析、判断、推理，说出得出结果的原因。一位儿童心理学专家说过："数学是最好的培养孩子逻辑推理能力的工具。"而且理论与事实都表明，孩子的逻辑推理能力与其数学成绩成正比。

有一次，家里买回来一袋大米，爸爸笑眯眯地对冬冬说："小伙子，你知道这袋大米有多少粒吗？"冬冬想了一下，皱了皱眉头，对爸爸说："这怎么可能数得清，简直是强人所难嘛！"

爸爸笑了，引导儿子说："这可不是数的问题，也不是强人所难。来，咱俩一起分析一下。如果我们把大米分成好多份……然后再利用一下秤……你说会怎样呢？"

冬冬若有所思，忽然一副恍然大悟的样子，兴奋而自信地对爸爸说："哦，我找到好方法了：先秤出一两大米，数一下这一两大米的粒数，然后秤出这袋大米的总重量，利用乘法就可以算出这袋大米的粒数。"

爸爸欣慰地笑了，夸了冬冬，然后继续引导他："孺子可教也。那你是不是可以计算一张纸有多重呢？"

如果每位家长都能像上述故事中的爸爸一样引导孩子去分析、判断、推理，孩子的逻辑思考能力肯定会很棒，并因此爱上数学。

启发诱导让男孩发挥想象

有人曾做过这样一个测验：让幼儿园的小朋友、小学生以及中学生分别看"O"这个图形后依次问他们："这是什么？"结果大多数中学生的答案是"零"或英文字母"O"；小学生中相当一部分人也给出了同样的答案，但还有一部分小学生的回答却是"面包圈"、"眼镜片"；而幼儿园的小朋友们的回答就千奇百怪了——"眼泪"、"肚脐眼"、"围棋"、"表"、"酒瓶盖"，等等。

听过这个测验的人都会对幼儿园小朋友们丰富的想象力钦佩不已，然后又会问相同的问题：想象力真的会随着年龄递减吗？为什么年龄小的孩子比年龄大的孩子的想象力更丰富呢？我们不禁会发出这样的疑问：这是成长的必然结果，还是教育的失误呢？

国外的教育专家经常这样评价中国的孩子：中国孩子的知识虽然基础扎实，但想象力不足。那么，中国孩子的想象力究竟到哪里去了？实际上，想象力是每个人都有的一种认知能力，并不仅仅是伟人、奇人或者外国孩子所特有的。但中国孩子的想象力为什么就不丰富呢？我们不否定"个体差异"是原因之一，即想象力与其他能力是一样的，人与人之间本来就有差异，但"人为扼杀"才是想象力匮乏的最根本原因。

现在，孩子们学习的环境越来越好，他们身边通常有很多"博学"的父母。父母为了不破坏孩子的"求知欲"或是为了避免被孩子"看扁了"的尴尬，很多时候，只要孩子一提问题，他们就会千方百计地给予解决，从而导致孩子只在乎"标准答案"，而忽视了思考的过程，更不要说去想象了。

有时，孩子的想象力被父母"理智的思维"扼杀在萌芽状态。

有位妈妈为了让孩子认识天空的云，了解云的形成，就让他观察一张画着云的图片，并问他："这是什么？"

孩子说："是波浪。"

妈妈说："你再仔细看看。"

孩子想了想，又说："是烟。"

妈妈继续鼓励："再仔细看看，想想这究竟是什么？"

终于，孩子说出了妈妈心目中的答案："是云。"

妈妈高兴极了，并不停地夸赞孩子："对了，这就是云！妈妈今天就告诉你'云'是怎样形成的。"

尽管妈妈用了"启发"与"参与"的方式来诱导孩子学习，也没有直接否定孩子的前两个答案，而是通过"再看看"的启发方式进行委婉的否定。但实际上呢？孩子的思维还是没有得到发散，而是被束缚在固定的答案中。由于年幼的孩子很依赖他人对自己的评价，日复一日，孩子就会得出一个结论：既然只有一个标准答案，如果我不知道标准答案的话，就没有必要费力气去想、去说了。

"波浪"、"烟"的回答就真的不正确吗？难道"云"就不能像"波浪"、"烟"吗？假如妈妈对孩子的前两个答案这样回答："很好！还有吗？"很可能孩子就会说出更多五花八门的"东西"来，这时，妈妈再自豪地告诉孩子："你太棒了，可它的本领怎么这么大啊？一会儿是这个，一会儿是那个，它好像是任何的东西，那它到底是什么呢？原来它是一片什么都像的云啊！"这样一来，妈妈在教孩子认识了"云"的同时还鼓励和肯定了孩子的想象。以后再遇到类似的问题，孩子就会自然而然地积极地发挥想象力去思考了。

专家给您支招

想象可以使智力活动富有创造性，它是人脑的一种机能。爱因斯坦曾经说过："想象力远比知识更重要，因为想象力概括着世界上的一切并推动着进步。知识是有限的，想象才是知识进化的源泉。"不言而喻，孩子想象力的培养是至关重要的。

想象力是孩子探索和创新活动的基础，因此，父母应尽快给孩子插上一双想象的翅膀，以激活和培养孩子的想象力。

1. 给孩子留一些自由的时间

不要让孩子因为学习充塞他的休息和娱乐时间而厌学甚至厌生。简而言之，就是一方面要顺从儿童的天性，珍惜并保护他的好奇心，另一方面也要重视激励他的生活和学习兴趣。要想完成这个设想，就需要父母相信"人与人的差别，主要在于人与人所具有的不同智能组合"，改变一元化教育的观念，鼓励孩子多元化地自我表现，及时抓住孩子的闪光点加以肯定，充分保护孩子的好奇心，做到让他的好奇心能转化成求知（生活与学习各方面）欲再发展成学习兴趣而不被扼杀。

2. 要求孩子独立思考

在孩子成长的过程中，父母要学会逐步放手，引导孩子靠自己的智慧独立解决力所能及的事情。要做到这一点，需要父母与孩子实现人格上的绝对平等，这对正处于青春期的孩子尤为重要。正如陶行知所言："发明千千万，关键是一问。"想要孩子想象力丰富并且有效能，就要培养他好问的习惯，即首先要尊重他的提问，认真倾听他的提问，而且回答的态度要做到不糊弄、不嘲笑、不指责，千万不能用"烦死了"、"走开"之类的话语。其次，不要用父母的思考代替孩子的思考，更不应该把自己的答案强加给孩子，要鼓励他自己去寻找问题的答案。要求孩子独立思考不等同于父母可以甩手不管，父母应该花更多的时间和精力寻找可行的办法引导孩子自己找到答案，这样做不仅促进了亲子之间的交流，而且还让孩子学会了思考。

制定目标促男孩不断努力

生活中，当孩子因贪玩而不认真学习时，父母往往会警告他："如果现在不好好学习，将来就不能当科学家。"孩子则会马上回应："既然当科学家这么难，那我就不想了。"类似的情形数不胜数，这是许多父母在教育男孩时经常遇到的尴尬：或许这个男孩以前有过当科学家的远大目标，但当他经历过一次次的挫折后，他会觉得要实现这个目标真的很难，于是轻易地放弃了这个目标。对于没有太多耐心的男孩来说，这个太过长远的目标会成为他前进道路上的绊脚石。

心理学家曾做过这样的实验：

将小学三年级一个班的学生分成3组，然后让3位老师领着他们到很远的地方去训练。老师要求第一组学生跟着老师走就可以了；第二组学生知道距离为20公里；第三组学生不仅知道距离，还知道每一公里处都有一个告诉他们已经走了多远的告示牌。

最终结果显示，第一组学生越走越灰心丧气，没有一个人能够到达终点；第二组学生尽管知道距离为20公里，但由于他们无法及时知道已经走过的距离，所以一半学生中途选择了放弃；而第三组学生都到达了终点。

为什么会出现这样的结果呢？原因很简单：第一组学生没有目标，第二组学生的目标太过长远，只有第三组学生会因为实现了一个又一个小目标而越来越兴奋，最终到达终点。由此可见，并非长远的目标就能激励孩子前进。所以，当孩子对繁重的学习任务而发愁时，当他对落后的名次没有自信时……父母有必要帮助他把长远的目标分解成若干个现实的短期目标，并协助他把这些短期目标逐个"击败"。这样，每实现一个小目标，他都会产生成就感和自信心,从而促使他不断努力,一步一步地接近那个远大目标。

帮助孩子制定切实可行的小目标,可以让孩子在实现过程中获得自信,并体会到成功的喜悦,从而养成积极的学习心态。父母在帮助孩子设定短期学习目标时,可以这样做:

1. 给孩子设定一些小目标

当孩子成绩不理想时,家长不闻不问或又打又骂的做法是最不理智的,因为这会使他丧失学习的兴趣,对学习产生恐惧感。但如果父母能够和孩子一起设立一个个的短期目标或小目标,当孩子一一实现这些目标时,他就会体会到成功的喜悦,从而获得一般很难体验到的成就感。而这些成就感也会在很大程度上调动孩子自身的积极性,从而激发他的学习潜能。

2. 短期目标要切合实际

制定孩子的学习目标不仅要符合孩子当前的学习水平,还要高于他的实际水平,这样才能有效推动孩子的进步。此外,为了让孩子有一个更加清晰直观的目标,父母应该在孩子所在班级找一个与他学习水平相当的同学做对比,有了竞争的对象,会大大增强男孩的学习劲头。

3. 借鉴外国家长的成功教育经验

国外的父母往往会用"许愿树"的方法来鼓励孩子逐渐进步。他们要求孩子把一个学期内所有要实现的小目标做成卡片挂在树上,比如"不写错别字"、"月考前进两名"、"一周内学会两篇课文"等。孩子每完成一项,就可以摘下相应的小卡片。随着"许愿树"上的小卡片越来越少,孩子学习的积极性也会越来越高。

逐步改善助男孩集中精力

对事物能否有集中注意力，在孩子的成长过程中占据相当重要的地位。说得极端些，孩子所有的能力，包括读书和学习新鲜事物，都取决于孩子是否拥有注意力。

有的孩子学习时，注意力很不容易集中，眼睛盯着老师，听着听着，思想却不知溜到哪里去了，结果老师讲什么都没听清。做作业也是这样，注意力老是集中不起来，结果时间花了，效果却很差。父母对此很发愁，孩子自己也苦恼。

其实，注意力难以长时间集中是儿童的一个共同心理现象，年龄越小，注意力就越不集中。这是因为儿童的脑神经发育系统尚不完善，大脑的控制功能还不强的缘故。因此，男孩的注意力不集中是一种正常现象，大可不必过于担忧。

心理学研究中把注意分为无意注意和有意注意两种。无意注意是无预定目标也无须经意志努力而实现的注意；有意注意是服从于活动目的任务的注意。有意注意需要付出巨大努力才能实现，脑力消耗大，易疲劳。儿童心理学研究表明，5~7岁的儿童有意注意可集中15分钟左右，7~10岁注意力可集中20分钟左右，10~12岁可集中25分钟左右，12岁以上可集中半个小时左右。孩子注意力不集中虽然很正常，但是如果一刻都难集中，就要引起父母的重视了，需要采取一些相应的矫正手段。

造成孩子注意力不容易集中的原因很多，主要有：

1. 儿童天生注意力分散度高、反应阈值低。这类孩子对外在的很小的声音、光线等刺激的敏感度比一般孩子高，很容易受到外界刺激的干扰。

2. 家庭教养方式。由于父母教育方式不当，提供太多刺激，使得孩子养成了不断转换注意力的习惯，或者由于父母要求孩子做不感兴趣或者难度太大的事情，孩子就会通过不断变换活动来回避问题以逃避大人的责骂，还有从小给孩子买太多玩具或者玩具过于简单而引不起孩子仔细研究和思考的兴趣，也可能导致孩子没有机会养成专注于一件物体的习惯。

3. 学习环境。如果学习环境中有很多会引起孩子分心的干扰因素，也会导致孩子难以专心学习。

4. 心理因素。有些孩子在不能获得别人的正面肯定的时候，就会有意以行为来吸引别人的注意。

一般来说，注意力不集中的习惯是长期形成的，通过一段时间有意识的训练和培养，是可以逐步改善的。

专家给您支招

在培养孩子注意力时，父母切勿急于求成，应根据孩子的年龄特点和兴趣点，在生活中慢慢培养。根据儿童注意力发展的特点，父母可以从以下几个方面来帮助孩子提高注意力：

1. 利用事物和环境培养孩子注意力

实验证明，强烈新奇、富于运动变化的事物最能吸引孩子的注意力。父母可以买一些类似的玩具来训练孩子。父母还可以把孩子带到新鲜的环境中去玩，如到公园让他看一些以前没有见过的花草、造型各异的建筑物以及其他引人入胜的景观；或带孩子到动物园去看一些有趣的动物等，利用孩子对新事物的好奇心去培养他的注意力。此外，孩子都非常喜欢听故事、看动画片，给孩子讲一些生动有趣的故事，让孩子有节制地看动画片等，对培养孩子的注意力也是有益的。

2. 培养孩子对事物广泛而持久的兴趣

一个人在做自己感兴趣的事物时，总会很投入、很专心，孩子也是如此。孩子对事物的兴趣越浓，其稳定、集中的注意力就越容易形成。培养孩子的兴趣可采取诱导方式。如培养孩子的识字兴趣，可以利用小孩喜欢听故事的特点，给小孩买一些有文字提示的图画故事书，让孩子一边听故事一边看书，引发孩子的识字兴趣，然后用卡片、积木教孩子拼、认一些简单的象形字，从而使孩子的注意力在有趣的识字活动中得到培养。

3. 帮助孩子理解学习目的，培养有意注意

孩子对学习的目的和意义理解得越深刻，他学习的意识也就越强烈，在学习的过程中，注意力就越集中，注意力维持的时间也就越长。在日常生活中，父母可以训练孩子带着目的自觉地集中和转移注意力。比如问孩子"妈妈的衣服到哪去了"，或者是让孩子画张画送给爷爷奶奶做生日礼物，有目的地引导孩子学会有意注意，逐步养成围绕目的、自觉集中注意力的习惯。

4. 逐步培养孩子的自我控制能力

要排除外来干扰，维持长时间的、集中的注意力，必须具备一定的自我控制能力。培养孩子的自制力可以在日常生活中有计划地进行。父母可以从帮助孩子控制外部行为做起，要求孩子在一段时间内专心做一件事，不要一会儿干这，一会儿干那，比如不要边吃饭边玩；看书、绘画时要保持正确姿势、不乱动、不乱摸。还可以让孩子通过某项专门训练，如练琴、书法、绘画来培养自制力。训练时最好固定时间、固定地点进行，以形成心理活动定向，即每当孩子在习惯了的时间和地点坐下时，精神便条件反射似的集中起来。

5. 注意引导孩子进行观察，提高注意力

要提高注意力，必须培养孩子观察事物的能力。观察力越强，注意力越高。培养儿童的观察力，必须首先培养孩子观察的兴趣。父母应为孩子寻找使

之好奇的事物进行观察训练，引导其细心观察，并掌握观察方法。如从简单到复杂，由易到难，由局部到整体，由表及里观察事物。在观察过程中，向孩子提出问题，引导他思考，使他逐步认识到事物的本质，如观察图形里隐藏的东西，找出两幅画的相同点、不同点，等等。

提高男孩的语言表达能力

研究表明，男孩的语言表达能力的发展比女孩要晚一些。当相同年龄的女孩已经能够流利地表达自己的想法时，男孩可能只能简单地说几句话，这种现象是很正常的，父母不必过于担心。如果父母因为嫌男孩嘴笨而一味地指责他，会让他对自己丧失信心，怀疑自己的能力，从而越来越不愿意表达。严重时，父母的责备还会使内向的孩子产生自闭心理，形成性格缺憾。因此，面对不善表达的男孩，父母要做的就是运用恰当的方法引导他开口说话，而不是一味地指责、否定。

造成男孩表达能力差的原因有很多，可能是生理原因，也可能是性格原因，有时还与早期教育训练不到位有很大关系。

阳阳初步学会说话的时候，妈妈便不再有意识地提高他的表达能力。她总是对别人说："孩子都已经会说话了，在这个语言的大环境里，表达能力自然而然就提高了。""又不让孩子去耍嘴皮子，所以不用再教他了……"

但是，老师却对已经上二年级的阳阳感到十分忧虑："这孩子的语言表达能力太差了，这样不但会影响他的作文水平，而且也将成为孩子日后发展的障碍。"

故事中的阳阳就是因为早期教育训练不到位，导致表达能力差的典型例子。补救的方式有很多，如父母可循序渐进地训练孩子的表达能力，从"笔"、"一支笔"、"这是一支笔"、"这是一支好看的笔"开始，到比较完整地讲一个小故事，循序渐进地引导孩子更好地表达自己的所见所想。

还有一种比较有效的方式是让孩子精确地描述一件事情。当孩子在描述一件事、一个人，表达一种想法，比较笼统、含糊时，父母可以通过引导让孩子把事情讲清楚。

上小学一年级的明明放学回来，妈妈问他："宝贝，今天都学了什么呀？"

"老师给我们讲了一个故事。"小男孩兴奋地说。

"讲的什么呀？妈妈也想听。"妈妈耐心地说。

"很久很久以前……"明明说着就接不下去了。

这时，妈妈耐心地提示他："很久很久以前有个什么人，还是有个小动物呢？"

"齐天大圣孙悟空！"

"啊，那他都做什么了？"

"大闹天宫！"

"是吗？那你给妈妈讲讲孙悟空大闹天宫的故事好不好？"

如果所有父母都能像明明妈妈这样循循善诱，耐心引导，给孩子创造表达的机会，孩子的语言表达能力又怎么会不提高呢？

 专家给您支招

童年时期是孩子语言表达能力的启蒙和高速发展阶段，对于好奇心和模仿力都很强的男孩来说，这段时期是他们提高语言表达能力的关键时期。因此，父母一定要把握这个特殊而重要的时期，用正确的方法引导孩子表达自己。

1. 与孩子玩语言游戏

仅靠平时与孩子交谈来提高其表达能力，是远远不够的。因此，父母还要寻求其他办法，如开展家庭演讲比赛、猜谜语比赛，让孩子做家庭活动的小主持人等。为了准备成语接龙比赛，父母可以为孩子购买成语词典或成语故事光盘、图书等，并陪他一起去看，让他产生兴趣，这样他就会主动去记忆、运用这些知识。更重要的是，父母还应鼓励他开口去说。

亮亮小的时候，家人经常和他玩语言游戏，以锻炼他的语言表达能力。妈妈做考官，爸爸和孩子"同台竞技"。妈妈问："小鸟会飞，鸭子……"爸爸迅速回答："鸭子会游泳。"于是，亮亮明白了游戏的规则，同时也很感兴趣，就很高兴地参与了。妈妈问："橘子是酸的，草莓是……"亮亮马上接答："草莓是甜的。"

父母以竞争的形式让孩子参与游戏，既可以培养他在"时间压力"下迅速反应、准确表达的能力，还会使他对学习语言产生浓厚的兴趣。而且孩子的应变能力、想象能力、总结概括能力等，也能得到很好的锻炼。

2. 引导孩子把话说丰富

要想让孩子完整准确而又丰富地进行表达，父母首先应该有耐心。同时，父母还应注意，当孩子说话磕磕巴巴时，千万不能指责否定他，否则让他们丧失信心。

一位妈妈分享了她引导孩子表达的心得：

今天，儿子刚放学回家，就跑到厨房兴奋地对我说："妈妈，今天老师表扬我了。"

我放下手中的家务，亲切而又高兴地对儿子说："是吗？宝贝真棒！快告诉妈妈，老师为什么表扬你呀？"

"老师说全班语文单元测验只有2个满分的，我是其中一个哦。"儿子自豪地说。

"是吗，那你说说详细经过，老师走进教室时的表情是怎样的？"我耐心引导他。

"当时教室里十分安静……"

"可不可以用个成语形容呢？跟一种动物有关……"我故意打断他。

"啊，想到了，教室里鸦雀无声，老师兴高采烈地走进教室……"

"老师怎样说，面带什么表情呢？"

"嗯，想起来了，老师面带微笑，亲切地说：'今天我要公布成绩了，全班有2个同学，表现特别出色，老师给了他们满分，他们是……'"

"当时你的心情是怎么样的？形容一下。"

"我心里特别紧张,像敲起了冬冬的小鼓,又像揣着小兔子乱蹦乱跳。"

就这样,通过我的引导,儿子把今天发生的事出色又准确地表述了出来。随后,我又让儿子把今天发生的事情写成了日记。

如果父母能够坚持像上例中的妈妈那样引导孩子表达自己的所见所感,当有一天孩子的表达潜力被激发出来后,他的语言表达能力就会迅速提升。

激发培养男孩的创造能力

所谓创造力,是指产生具有新设想的创造思维能力和能创造新事物的创造技能。任何一个孩子都具有创造力,而且人的创造力的发展开始于婴幼儿时期,幼儿期和学龄期是培养和发展孩子创造力的重要时期,因为这是孩子渴望自己能主动创造和发现的时期,此时所奠定的基础可能会影响其人生发展的全过程。

在日常生活中,父母会发现,一群孩子在沙土里玩,他们会挖坑道、堆小山或用土搭成各种构造有趣的图案,在游戏中无拘无束地发挥自己的想象力和创造能力,探索和"改造"着周围的世界。所以,父母应该合理地利用孩子的这种天性,多方引导并加以鼓励,培养他的好奇心和冒险精神,塑造他不怕困难、自信、独立、不愿受人约束等创造性品格,这样不仅能促进男孩的大脑发展,还从小培养他对知识和学习的兴趣,还能提高男孩日后的处世能力,为其今后的发展道路奠定坚实的基础。

在一次水墨画作品展示课上,老师让孩子们把自己心仪的作品贴到黑板上,一会儿,整块黑板都被小桥、流水、太阳、花朵等贴满了。老师看到如此多的作品,不禁为自己的教学成果感到自豪,于是开始欣赏和评论每一幅画。突然,老师看到一幅奇特的画:画中有两座山,两山之间是潺潺的流水,皴法、墨色都做得很好,画功很棒,但是小作者画的流水却是鲜艳的红色,这让老师感到有些不满。

"这是谁画的？"老师不由得皱着眉头问。这时，一名男孩带着吃惊的表情站了起来。老师严厉地问道："你知道这幅画的败笔是什么吗？"男孩看着老师，咬了咬嘴唇，眼神有些害怕。"为什么你要把水画成红色？"老师继续追问。

"老师，我画的是受过污染的水，河水之所以变成红色，是因为河中的化学物质发生了反应，就好像黄河一样，如果我们继续不爱护环境，河水最终也会变颜色的。"孩子说完，眉宇间流露出认真和委屈的神情。

老师沉默了一会儿，微笑着说："孩子，你做得很棒。绘画的时候，想象的翅膀和多多思考是很重要的。"

现代社会是一个创造型社会，创新已成为时代的主旋律。创造能力作为一种综合能力，也是衡量人才的重要标准。因此，父母要重视孩子的创造力培养，呵护孩子的天性，通过科学的教育理念和方法激发孩子蕴藏的创造潜能，培养他的创造能力及创新精神，适时给孩子以激励和赞赏，让孩子对开拓创新和学习知识充满兴趣和激情。

父母应该注意并发现孩子的创造力萌芽，保护他最原始的创造意识和创新精神，让他的创造性得以持续和发展。

1. 为孩子提供能够发挥创造性的环境

通常孩子在心情愉快时，会迸发出创造性。因此，要想促进孩子的创造性，就要给孩子足够的自由活动时间、地点和进行各种活动的材料。

在条件许可的情况下，父母最好在家里给孩子准备一个能自由游戏、阅读、活动的小天地，还要在活动中适当给孩子一些启发。因为孩子在游戏中试验、实践、发现问题的过程，就是他学会思考的过程。

2. 发现并珍惜孩子的好奇心

好奇心是萌发创造性的起点和火花,只有对事物保持好奇心,才会产生思考和探索。

某幼儿园里曾经有过这么一个孩子,他总是在课堂上做自己的事情,思想一点也不集中;当小朋友做游戏时,他也独自一人坐在角落里玩积木。父母对他的"笨"感到很焦虑,但带班的老师却不认为他笨。观察一段时间后,带班老师发现他不仅不是低能儿,而且还有着自己的特殊兴趣和非同一般的好奇心。

比如,孩子关心的是:水泥地滑还是打蜡地板滑?水泥地的摩擦力大还是地板的摩擦力大?当这位老师发现孩子的兴趣和好奇心后,开始有意识地对他进行诱导性的启蒙教育。逐渐地,这个孩子不仅改变了不合群的个性,而且智力也得到了很好的发展。

当好奇心受到肯定和鼓励时,孩子就会继续探索、思考和学习;而如果受到压抑,孩子就会逐渐丧失自信心和探索的兴趣。所以,父母要有意识地捕捉孩子创造性表现的瞬间,及时鼓励和引导他的行为,从而有效地开发他创造力的潜能。

3. 给孩子提供必要的帮助

5岁的镇镇对画画很感兴趣,于是,父母给他买了很多画笔和画纸,让他自由地画画。父母对于他画的是什么,画得怎么样,并不加以评说和纠正。

有一次,镇镇用了很长的时间画完一个西红柿后,高兴地拿着给爸爸看。

爸爸并没有说他画得像不像,而是问:"儿子,你画的这是什么呀?"

"爸爸,因为我最爱吃西红柿,所以我画了一个西红柿。"镇镇很自豪地说。

不过,他给西红柿涂的颜色却是紫色的,形状是像香蕉一样的长条形。于是,爸爸对他说:"哦,画得很不错啊。但是呢,你画的和真实的西红柿有一点点的不一样。儿子,过来我们一起看看真实的西红柿到底长的是什么样子,然后再画一个,行不行?"

"好啊,那我们一起画可以吗,爸爸?"

这位爸爸没有轻易地否定孩子,而是耐心地引导孩子。这对孩子创造性潜能的发挥有很大益处。当然，创造必须建立在现实的基础之上，如果孩子的做法严重偏离现实，父母要及时提供必要的帮助。比如，当这位爸爸看到儿子画出奇怪的西红柿时，他没有打击儿子，还给他拿来真正的西红柿，然后让他在正确认识事物的基础上再去创造。这种做法对孩子来说是很重要的。

积极引导让男孩博览群书

人的成长和发展离不开阅读，大量的阅读会使孩子在人生观、世界观、求知欲、感知力、知识面、思考能力、表达能力的形成及处理问题的方式等方面，表现出明显的优势。因此，努力培养孩子的阅读能力，会使孩子受益终身！

一位研究儿童心理学的博士，曾经在加利福尼亚州的一所小学调查5103名的一年级新生，其中有49个同学在上学之前已经接触过阅读。该博士对这49个孩子做了5年的跟踪调查，发现他们的学习成绩一直保持领先的状态。

由此可以看出，早期阅读对孩子十分有利。但是，已经错过孩子早期阅读时期的父母也不用着急，小学阶段仍是孩子进行阅读的黄金期，如果孩子能在这个时期掌握高效的阅读方法，阅读大量名人传记、文学名著、科普读物等，将会帮助他确立积极的人生观、价值观，还可以提高孩子的学习能力。

专家给您支招

阅读是男孩认识世界、读懂人生的一种途径。喜欢阅读的男孩，可以从书中知道什么是真正的男子汉，他身上背负着怎样的责任等等，这对父母来说，就可以省力很多。

那么，父母应该怎样做，才能使孩子爱上阅读呢？

1. 让孩子体会到读书的乐趣

陆路的爸爸为了让儿子体会到阅读的兴趣,经常和儿子一起看书,然后一起探讨书中的主人公。他还故意让儿子提问题,自己却装作不知道,以此增加儿子的成就感。

一天,陆路读完了一本介绍树的书,开始考爸爸:"爸爸,你知道世界上最老的树生活在哪个国家吗?它又活了多少岁呢?"

爸爸故作冥思苦想状,然后回答:"我只知道咱老家的房子前面有一棵200岁的老树,不知道够不够大?"

听了爸爸的话,陆路笑得泪都要出来了,说:"爸爸,那棵树的年龄根本不值一提。给你说吧,世界上最老的树是一棵被称为'世界爷'的树,生活在美国加州,它活了7800多岁,可惜在10多年前枯死了。"

看着爸爸惊奇又羡慕的眼神,陆路特别有成就感。

2. 告诉孩子书有多神奇

一天,妈妈带5岁的儿子文冲去动物园,他一会儿到这里看看,一会到儿那里摸摸,睁着一双好奇的眼睛,不停地问妈妈:

"蛇怕狮子吗?"

"大熊猫为什么是国宝呢?"

"企鹅为什么生长在寒冷的地方?"

妈妈并没有直接回答他,而是到家后拿出有关动物的书给他看,并对他说:"所有问题的答案都在这里面了。"文冲兴奋极了,"哇塞!好多动物呀!"书上的动物图片使他看得入了迷。

从那以后,不管他在外面看到什么,听到什么,都要妈妈给他找有关的书,慢慢地,他读书的兴趣越来越浓了。

有时父母直接给孩子推荐书效果并不好,所以,不妨等孩子求知欲强时再向他推荐。另外,给孩子推荐书时要考虑孩子的年龄,如果推荐的书超出了孩子的接受范围,结果往往会适得其反。

第六章　培养男孩的社交能力

善于交往的人，是大海的弄潮儿，能像入海的蛟龙一样游刃有余；善于交往的人，是众星的魁首，能像夜空的月亮一样独占鳌头。可以说，交际能力在很大程度上影响着一个人的命运。父母在培养男孩的时候，应该让他走出自我的世界，乘上交往的帆船，在人海中漫游。

培养男孩与人合作的精神

现在的孩子多数是独生子，脾气大、任性、与人合作能力差，所以，培养孩子与人合作的能力刻不容缓。

合作是指为了一个共同的目标结成的互助互利的双赢关系，不是一般意义上的人际交往。所以，培养孩子与他人合作的能力很重要。父母应该从孩子懂事起，就有意识地培养孩子的合作精神。

从前，有两个饥肠辘辘的人得到了一位长者的恩赐：一篓鲜活硕大的鱼和一根鱼竿。其中一个人要了那根鱼竿，另一个人要了那一篓鱼，之后他们就分道扬镳了。

得到鱼的人就在原地搭起灶火把鱼煮了，他狼吞虎咽，还没等品出鱼的肉香，就把鱼吃了个精光，但不久，他便饿死在空空的鱼篓旁。

另一个人则提着鱼竿，忍饥挨饿、一步步艰难地向海边走去，当他到达海边时，已经没有一点力气了，所以也只能带着遗憾撒手人间了。

又有两个饥肠辘辘的人，他们也得到了长者恩赐的一篓鱼和一根鱼竿。

但是他们并没有各奔东西，而是共同去找寻大海。他俩一开始每次只煮一条鱼，经过遥远的跋涉，他们最终到了海边，从那以后，两人便开始了以捕鱼为生的日子。

在实际生活中，事情当然没有寓言故事所说的那么夸张，但是人要想在社会中立足，就不得不和别人合作和交往。一位哲人说过："如何让一滴水不干涸，把它放到大海中去！"同样的道理，要想让孩子很好地融入社会，就必须让孩子学会与人合作。

专家给您支招

父母可以通过以下方法来培养孩子与人合作的精神：

1. 让孩子明确与人合作的重要性

在日常生活和学习中，有许多事情仅靠孩子个人的力量是无法完成的，这时就需要与别人合作。父母可以找一些需要合作才能完成的事情，让孩子自己去做，体验一下不能独自完成的挫败感，进而让他懂得合作的重要性。

2. 让孩子多与同伴交往

父母应该给孩子足够的时间与同伴在一起，让他们一起分享玩具、一起交谈、一起出去玩耍、一起做游戏、一起做作业。父母应该明白，孩子应该有自己的生活，这种生活和成人社会有很大差别。如果发现孩子不喜欢与别的孩子相处，父母更要有意识地鼓励他与同伴接触、交往。

3. 让孩子和同伴共同完成某项任务

父母想要培养孩子的合作精神，可以让孩子与同伴共同完成一个任务，进而提高孩子与人交往的水平。把任务分成几部分，但每部分都要互相牵制，使他们必须通过必要的交往和协调才能完成。这种活动有利于培养孩子的合作意识，还会使孩子有一定的集体意识，促使他们竭尽所能地完成工作。

培养男孩良好的交际能力

交往能力对生活在现代社会的人来说是非常重要的，人们通过与周围环境的接触交往，掌握社会规则及语言或者是非语言性的交往技能来逐渐适应社会。当今社会对人的综合素质和基本能力都有了更高的要求，不但要具备竞争意识，而且要具有合作精神，实践证明，一个拥有良好交往能力的人，将在社会竞争中立于不败之地，反之则会被社会淘汰。

然而，令人担忧的是，现在很多小男孩的表现不让人满意：以自我为中心、不合群、攻击性强、女性化倾向严重……所以，他们不愿见陌生人，不敢与陌生人说话，无法与别人相处。这样的孩子如何能与那些成功的形象挂上钩呢？

卡耐基曾经说过，一个成功者，专业知识所起的作用是15%，而交际能力却占85%。也就是说，和谐的人际关系，高强的交往本领，是社会判断成功者的重要标准。

其实，每个男孩都希望能够有几个思想上、学习上或者生活中志同道合的朋友，能够从朋友那里获得认可、信任、鼓励和支持。然而，有时父母的一些教育却使他们的交往意识一点点地减弱。比如有些家长这样告诉爱交朋友的男孩：

"不要和女同学来往过于密切呀！"

"不要和学习不好的同学一块玩！"

"不要和那些坏孩子走得太近！"

父母的这些教导会使男孩容易封闭自己，不爱与人交往，从而变得人缘不好……

男孩正处于学习知识、了解社会、探索人生的时期，需要与同龄伙伴交往并建立友谊。这时，只要不偏离正常的人生轨道，父母就不要给他太多的限制，因为这些限制只会使男孩过早地世俗、功利化，还容易引起他的不满，激起他的叛逆心理，进而影响他的交往能力，甚至使他形成孤僻、偏执、抑郁等心理障碍。

专家给您支招

孩子小时候养成的好习惯，有时会成就孩子的一生。那么，父母应该如何培养出孩子的交往能力呢？

1. 教孩子学会"推销"自己

与他人交往时，"推销"自己很重要，所以父母应该培养孩子自我推销的意识。

鹏鹏是个快乐的小男孩，走到哪里都会主动认识很多好朋友。有一天，幼儿园新来了一个小朋友，鹏鹏趁着自由活动的时候拿着自己的《恐龙》图书来到这个小朋友的身边，友善地对他说："我叫鹏鹏，我可会讲故事了，我来给你讲'恐龙故事'吧。"不一会儿，他们就成了好朋友。

孩子学会推销自己后，渐渐地就会拥有自信、乐观、阳光的性格，这样的孩子走到哪里都会有人乐意与他交朋友。

2. 教孩子说"让我们做朋友吧"

在人际交往中，掌握主动权是很重要的，如果孩子会说"让我们做朋友吧"，那么他就迈出了第一步，让人感觉他很乐于交朋友，很真诚，从而也就拥有了主动权。

7岁的小军知道姨妈一家刚从内蒙古大草原旅游回来，就去姨妈家做客，他和姨妈全家人都聊得很投机。他问姨妈："内蒙古的烤羊腿是不是很好吃？它们是怎样做出来的？"他让小表哥给他讲大草原上的骏马、内蒙古的月夜；

他还缠着姨夫给他讲蒙古包。这让全家都沉浸在分享的欢乐氛围中。

父母可以教导孩子：当他想与别人交朋友、表现友好的时候，可以请别人分享他们感兴趣的内容，这样既给了别人表达的空间，又拉近了彼此之间的距离。

亲身示范让男孩学会谦让

一个行事招摇的孩子，不管在学业还是生活上，都会引起他人的反感，时间一久，就会陷入孤立的状态，所以，父母一旦发现孩子有这种倾向，就应该及时把它扼杀在摇篮里，否则，如果任其发展，会严重影响孩子的身心发育。

生活中，许多父母忽略了对儿子德行的教育。当孩子学会了某项技能，父母比孩子还要兴奋，拉着亲朋好友一同欣赏；孩子在学习上取得了好成绩，恨不得把所有人都叫来普天同庆，渐渐地，把孩子捧上了天，孩子会认为自己有了成绩就该得到所有人的祝贺，自己有点进步就应让所有人都知道。

父母的这种行为，容易导致孩子骄傲，助长孩子张扬的个性，泯灭孩子谦虚的美德，使他只想一味展示自己，爱出风头，不懂得共同进步。

要想在社会上生存，不论孩子还是成人，都应该学会竞争和谦让。只有具备较强的竞争意识又具有谦让的品质的人，才能在未来的社会竞争中，在群体中，团结他人，开创美好的未来。而作为父母，他们的责任就是要让孩子知道什么时候应该谦让，什么情况下应该竞争。

为了让孩子学会谦让做人不张扬，父母可以遵循以下方法：

1. 亲身示范，做个不张扬的父母

父母是孩子的第一任老师，在日常生活中，父母的言行举止都会对孩子产生重要的影响，所以，父母不要在孩子面前老是吹嘘自己的功绩，张扬自己的成功，应该做理智谦虚的父母，为孩子树立一个好榜样。

2. 在日常生活中教育孩子，在与亲朋相处中感化孩子

父母应该让孩子意识到，每个人都有优点和缺点，不要总是看到自己的优点，看不到别人的优点，忽略别人的感受。与别人相处时，要懂得尊重别人，不要以自己所长去看低或排挤别人而陷自己于孤立之中。

适时鼓励让男孩学会分享

现在的孩子越来越不懂得分享，独占意识越来越强，这样就很难得到他人和社会的认可，也就很难交到真诚的朋友。所以，父母应让孩子从小养成乐于分享的好习惯。

一对夫妇人到中年才有了可爱的儿子晓博，他们特别宠爱孩子，总想着把最好的给孩子。现在，晓博已经7岁了，他特别喜欢吃水果，所以爸爸妈妈常常买水果回家。

有一次，全家人坐在一起吃橘子。当剩下最后一个时，晓博拿着橘子说："就剩最后一个了。"他并没有要给爸妈吃的意思。这时，爸妈互相看了一眼，然后，爸爸坚决地拿过最后一个橘子说："来，分成3份，我们一起吃。"分好之后，爸妈果断地拿起自己的那份吃起来。

晓博看着自己最爱吃的橘子被瓜分了，感到非常委屈，心里想："为什么父母不把最后一个橘子给我吃呢？"

其实，只有剩下最后一个橘子才是真正意义上的分享。分享是指给予别人自己也很喜欢、很需要的东西。父母可以让孩子体验分享前的挣扎，然后舍弃一些自己喜欢的东西。

值得注意的是，如果已经要求孩子与人分享，那么当孩子真正与你分享的时候，就不要客气，直接说"谢谢"，然后接受就好。因为很小的孩子不懂得客气，如果父母的分享只是嘴上说说，但却没有实际行动的话，孩子就不会当真，只会觉得分享仅仅是说说而已。

懂得分享的孩子往往比自私的孩子有更高的成就动机和抱负水平，他们能更乐观地看待人生，更能自觉地遵守纪律。我们在生活中也可以看到，那些为人爽快、行为大度的孩子，做事往往更加努力认真、自觉性更高，他们更加愿意遵守规则，在集体中更加乐于助人，更加容易接受别人的意见，因而在人际交往中也会更加如鱼得水。

 专家给您支招

生活中，父母要鼓励孩子慷慨大方的表现，逐渐抑制他不太大度的举动，这样就能在孩子心中种下分享的种子。下面具体说说父母培养孩子学会分享的办法：

1. 从小通过引导，教育孩子与他人分享

父母应该在孩子很小的时候就让他学着与他人分享东西。当孩子渐渐长大，在餐桌上，他会主动给长辈夹菜；主动帮爸爸妈妈拿东西；主动给客人让座。在生活中，让孩子做一些力所能及的事，可以让他感受到分享带来的快乐。

此外，每个人都会有一些不想拿来给人分享的东西，孩子也是一样，也许是因为那些东西孩子特别喜欢，也许是因为那些东西对孩子有特殊的意义，这些都是非常正常的，我们虽然提倡分享，但并不意味着任何东西都该与人分享，父母应该允许孩子有自己的宝贝，并教育他珍惜自己的宝贝。

2. 让孩子体验分享的快乐

分享也会给人带来快乐，如果父母想让孩子从心里接受分享，就要让孩子亲自体会分享的乐趣。

如果父母强制性地让孩子去接受，孩子很可能只是在大人面前做做样子，反而不利于培养其分享意识。

上小学二年级的李良，平时特别乖巧，有一天放学回家，他用自己的零花钱买了蛋糕，为第二天的早餐做准备，但当他第二天高高兴兴地吃完蛋糕后，发现妈妈很不高兴，还罚走了他60元零花钱。妈妈特别严厉地对他说："你怎么这么自私，吃蛋糕都想不到别人，都不会问问爸妈吃不吃？！"

李良觉得特别委屈，妈妈一次就罚去他3个月的零花钱。他对钱已经有了概念，当他掏钱的时候，心里特别不舍，眼泪都流了出来。

父母想通过惩罚让孩子记住自己的好东西要和大家一起分享，但是这样做的效果并不理想，即使孩子当时学会了，也只是一时的。很多时候，惩罚会引起孩子的逆反心理，使孩子和父母之间出现一道墙，更不利于大人与孩子之间的沟通与分享。

因此，父母应该考虑换种方式，每个人都喜欢被别人夸赞，小孩更是。当孩子还小的时候，多给孩子一点"甜头"，让孩子体会到分享的快乐，这样孩子才会乐此不疲地与人分享。

告诉男孩要懂得信任他人

在人际交往中，信任是非常重要的，它可以连接双方的心灵，可以催生出强大的力量。学会信任他人，生活中便会多出许多的动人故事。

在烟波浩淼的大西洋上，行驶着一艘货轮。一个在船尾搞勤杂的黑人小孩突然掉进了波涛滚滚的大西洋中，孩子大喊救命，无奈风大浪急，船上没有人听见……

求生的本能使他用尽全身力气挥动瘦小的双臂，在冷冰的水中拼命地游，努力将头伸出水面，睁大眼睛盯着轮船远去的方向。

船越来越远，越来越小，到后来化成一个小黑点。孩子也快没有力气了，他实在游不动了，觉得自己都要沉下去了。放弃吧！他对自己说。这时，他突然想起了老船长那张慈祥的脸：我决不能放弃！船长知道我掉进海里后，肯定会来救我的！想到这里，孩子使出生命的最后力量朝前游去……

后来，船长终于发现那黑人孩子失踪了，得知他是掉进海里后，就下令返航，回去找。这时，很多人都劝船长不要再白费力气了，都这么久了，不被淹死也被鲨鱼给吃了，但船长很坚定，坚持返航。

终于，就在孩子要沉下去的那一刻，船长到了，救起了孩子。

孩子苏醒过来之后，跪在地上感谢船长的救命之恩，船长扶起孩子问："你怎么能坚持这么长时间啊，孩子？"

孩子回答："我知道你一定会来救我的！"

"你怎么能肯定我一定会来救你？"

"因为我相信您是那样的人！"

白发苍苍的船长听了，感动得泪流满面。

黑人男孩因为信任，得以生还；船长因为被信任，感到无比的幸福，这真是一种奇妙的感觉，由此可见，信任的力量是无穷的。所以，父母应从小教育孩子用信任来换得真心的回报。

父母在教育孩子的过程中，应该告诉孩子，如果他不肯轻易相信别人，将会有很多机会、财富悄悄溜走，而信任他人会帮助他抓住好多机会，得到意想不到的收获。

父母可以参考以下几点来培养孩子信任他人：

1. 从日常小事做起

在日常生活中,父母应该时刻让孩子感受到安全感,那样他将会对陌生的世界产生信任,进而在内心建立起对他人、对社会的信任。

2. 家庭教育要符合孩子的性格特点

研究发现,当父母的教育模式符合孩子的性格时,他们就会对父母多一些信任,多一些依恋;反之亦然。比如,对于一个安静的孩子来说,若父母总是给予他过多刺激,只会引起他的厌烦。因此,父母应该首先了解孩子的性格特征,给他想要的东西,慢慢地他才会对父母产生信任。

引导男孩与异性正常交往

孩子成长的过程中,需要和同龄的小朋友进行交往玩耍,很小的时候,他们就已经产生了与社会交往的欲望,但在他们的心目中,男女伙伴并无差别,认为只要能在一起学习玩耍就是好朋友。

其实,异性孩子一起活动还有很多好处:可以消除孩子对性别的神秘感,培养其自由交往与发展的天性;增强他们的社会交往能力,也有利于各自心理的健康发展。

作为男生,在与异性交往时,担负着不一样的责任,所以,对于男孩应采取积极的教育措施:

1. 男生要主动帮助、关心女生。当班里有较为繁重的劳动任务时,男生要主动进行帮助,不应该袖手旁观或讥笑。在学习上也要和女生互相帮助、取长补短、互相学习。

2. 男生要有保护女生的责任感。每个人都需要被尊重,在男女交往中,自尊自爱、文明礼貌显得尤为重要,如出言不逊、秽语伤人,与女生打打闹闹、动手动脚,甚至勾肩搭背、拥抱接吻等有损人格的不文明言行是绝对不能做的。当见到女生受到他人的欺侮或胁迫时,应该采取各种措施挺身而出保护女同学。

3. 要有符合道德规范的自制能力。处于青春期的孩子往往精力旺盛而缺乏合理释放,富于想象而缺乏实践,热情奔放而缺乏理智,情感丰富而易多变。由于性意识的觉醒,容易对异性产生好感和爱慕。但无数事实证明,过早涉入爱河对孩子有百害而无一利。所以,父母应教导孩子做自己感情的主人,用理智支配自己的意念,用道德情感、道德意志来控制、约束、调节自己的行为,做一个品格高尚的人。

 专家给您支招

为了孩子以后的生活着想,父母应该让孩子把握好与异性相处的尺度。

1. 父母要更正自己的一些看法和观念

我们经常会听到这样的事情:"××因为早恋成绩一路下降","××因为早恋而没有考上大学",这些事情往往留给我们这样一个概念:不能让自己的孩子和异性交朋友。其实,这种想法是完全错误的,现实生活中,或许真的有很多孩子和异性交朋友之后成绩会下降,但是,父母们可能没有意识到,让孩子学习成绩下降的原因是因为老师和父母的过度反应,而不是他们和异性交朋友。父母和老师过度的反应会给孩子带来巨大的精神压力,最终让孩子的内心不能承受。研究发现,和异性交朋友,如果可以成功的话,孩子将精力充沛,情绪饱满,学习和工作的效率也非常高。

有些父母认为,如果孩子与异性走得过于亲近,很容易发展为"早恋"。而"早恋"这个词在父母眼里绝对是个贬义词。很多父母一看到自己的孩子和异性单独在一起,马上就会怀疑他们"早恋"了,然后千方百计地想将他们分开。如果孩子真的是"早恋",父母的反对只会让孩子产生一种

抵抗心理,越是不让在一起就越想在一起;但是,如果他们只是一般的朋友,父母的做法将会给孩子造成心理上的伤害。所以,父母一定要慎重对待孩子与异性交往。

2. 让孩子把握好与异性交往的尺度

男孩在与异性交往时,父母应该教育他要有绅士风度,学会保护与谦让女孩,把握好与异性交往的尺度。父母还应该让孩子具有幽默感,不要在和异性交往时摆出一副爱答不理的样子,弄得好像人家欠他钱一样。

在与异性交往的时候要注意尺度,但也不要过于拘谨,表现要大方得体,该笑就笑,该说就说,需要握手就握手,要是忸怩的话反而让人家感觉别扭。

父母应该让孩子知道男女授受不亲是错误的,但是男女有别是事实。

让男孩学会与人友好相处

在现代社会,人际关系对一个人的发展十分重要。可以说,良好的人际关系是成功的保证。一个人只有学会了与他人友好相处,才有可能奔向成功。

小铭待人非常友好,和大家相处得也非常融洽,大家都特别喜欢他。他从来不和别人争吵,每当有同学生气发火时,他总会去问其原因,并安慰对方。当别人需要帮助时,只要他看见了,就会尽自己所能地去帮忙。

结果,又一次班里投票"好雷锋",所有人都投给了小铭。并不是说"好雷锋"这个称号能使人显得高尚,但从中足以看出小铭在班里的好人缘。由此也证明,只有友好地和别人相处,才能得到共鸣,别人才能同样地对待你。

专家给您支招

与他人友好相处是一种交往能力,父母一定要从小培养孩子的这种能力,为他今后的发展打下基础。

父母可以参考以下几点培养孩子和他人友好相处的能力:

1. 培养孩子良好的性格和行为

调查显示,那些具有助人、友好、合作、快乐特点的孩子容易被同伴所接受;而那些具有攻击性、破坏性强,易争吵、好打斗特点的孩子容易被同伴排斥。为了让孩子能与同伴友好相处,父母要有意识地培养他良好的性格与行为。

2. 父母要给孩子树立榜样

孩子是父母的一面镜子,孩子会模仿父母待人接物的态度,所以,父母要给孩子做好榜样,与家里的长辈、同辈融洽相处,搞好邻里、同事之间的关系,这样,孩子耳濡目染,也会和别人融洽相处。

第七章 培养男孩的财富观念

在当今社会,财富观无疑是男孩成长过程中需要建立的一个重要观念。对于父母来说,培养孩子建立正确的财富观念成了一门必修的功课。父母可以通过言传身教等方法对孩子灌输财富观,日积月累,孩子一定会成为理财高手,而这无形的"财商"也必将成为他一辈子的财富。

让男孩树立正确的金钱观

不管是有文化还是没文化的人,除了生下来就会吸吮,再有一个不用教的就是认钱,因为钱是日常生活当中不可或缺、人人都离不了的生活必须品。

现在的生活条件越来越好,物质越来越充裕,想必每个人都有过给晚辈压岁钱的经历,对于年龄比较小的男孩,如何避免压岁钱对他们的心灵产生负面影响,如何引导他们正确对待和使用金钱,如何处理人际关系,是父母们应该认真思考的问题。

如果孩子缺乏正确引导,就有可能形成错误的观念。比如,根据所得到压岁钱的多少来评判别人对自己的好坏,逐渐养成把经济因素作为衡量人际关系的首要参考标准的习惯,这样,压岁钱就失去它原有的意义了。经常可以看到这样的场景:有的家长对孩子说:"你看,叔叔(或爷爷、阿姨之类)给你的压岁钱最多,说明叔叔跟你最亲,对你最好,以后你有什么东西也要想到他啊!"

说这种话的家长不仅没有针对压岁钱问题对孩子进行正确引导,还在无形中给孩子灌输了一种错误的观念。

另外,给多少压岁钱合适也值得斟酌。作为一种情意的流露,对喜庆氛围的烘托,压岁钱还是不要太多为好,能表达心意就足够了,不要给孩子带来过大的"金钱刺激",从而对其思想的成长和性格的培养造成不良的影响。

其实,不光是压岁钱,平时亲朋来往,也可能会给孩子买些礼物,青少年之间的交往也常常会涉及到金钱,比如孩子与同学、朋友一起吃饭、互送生日礼物等等。在这些人际交往中,都会与金钱扯上关系。所以,父母应该帮助他正确处理金钱与情感、友谊的关系,使他懂得:每个人的家庭经济条件不同,思维模式也不同,不能把出手是否"大方"作为衡量人情厚薄的标准。

从理财方面看,不仅要帮助孩子管好压岁钱,对于平时的零花钱也是一样,要让孩子明白:拿着父母的血汗钱去挥霍、去表现自己的"豪爽"和"仗义"是十分错误的,应该尊重和珍惜父母的劳动成果,养成勤俭节约的好习惯。

什么是正确的金钱观?是挥金如土,还是只挣不花做守财奴?虽然有钱没钱都可能导致罪恶,但金钱本身并不是罪魁祸首,前提是父母应该弄清自己的价值观,否则就无法成功地正确地教导孩子。孩子是通过观察父母的言行来学习的。如果父母闲聊时候总是谈论什么东西值多少钱,那么,当你再告诉孩子钱并不是一切时,他肯定大惑不解。

著名银行家尼尔·高德佛瑞建议父母对小男孩通过游戏进行教育。让孩子从小认识钱币,了解钱的作用。当孩子稍大一些后,可以带他去购物,并和他讨论所购物品的价格是否合适,让他们懂得"货比三家",知道研究商品的性价比。

专家给您支招

在这个物欲横流、经济快速发展、处处充满诱惑的年代,培养孩子正确的金钱观是非常重要的。

1. 让孩子懂得金钱的真正意义

父母要让孩子明白,金钱只是解决生活问题的一种媒介,它本身并不能解决生活问题。比如金钱换不来爱,换不来信任,换不来尊重。有些父母常有意无意地夸大金钱的作用,如对孩子说:"亲我一下,给你一块钱。"有的甚至认为有钱就是高贵,如对孩子说:"孩子,你看他看起来多高贵,因为他有钱。"这些让孩子认为只要有钱就会有较高的社会地位,就能得到更多人的爱。这恰恰是把孩子引向对金钱的崇拜,而没有引向对自我能力的提高、对个人社会价值的追求。

2. 让孩子体验一下当家的难处

俗话说:"不当家不知柴米贵,不养儿不知父母恩。"正因为如此,父母更应提早让还没有当家的孩子体验一下当家的难处,在生活实践中培养他的理财观念。

让男孩学会花钱善于理财

一些父母在生活中总会抱怨:"我家孩子花钱一直大手大脚,每个月的零用钱都在不断上涨"、"我家孩子总买一些没用的东西,花钱一点都没有计划"……其实,孩子乱花钱的习惯与父母的引导和教育息息相关。

"不给孩子钱,怕孩子长大后不会花钱,到时候容易被人骗;给孩子太多钱,又怕他长大后变成'小财迷'。"父母们常常有着这样的担心。其实,如果父母能够从小就培养孩子的理财观念,孩子长大后不仅不会乱花钱,还有很大可能特别会花钱。

旺旺小的时候,妈妈就开始有意识地培养他的理财观念,每个月定期给他一定的零花钱,让他试着学习自己理自己的"财"。

有一天,旺旺放学回来对妈妈说:"妈妈,我们学校小卖部的铅笔太贵了,你能不能在下班回来路过文具批发市场时,给我买两支回来?到时候我再给你钱,这样我就能省2毛钱了。"

妈妈高兴地说:"好儿子你真棒,都学会省钱了,妈妈给你带。"

下个月妈妈给零花钱时,旺旺少要了几元钱,并对妈妈说:"妈妈,我的本子快用完了,你再去给我多批几本吧,这样又能省不少钱。"

俗话说:"授人以鱼不如授人以渔",与其给孩子留下百万财富,不如教孩子学会理财。孩子从小学会理财,就会养成不乱花钱的习惯,还能培养孩子独立生活的能力和家庭责任感。没有人是天生的理财专家,要培养理财高手,必须从小抓起。

专家给您支招

理财是一种生存技能,孩子正确的理财观念是在日常生活中一点点地培养出来的,所以,如果孩子有花钱大手大脚的毛病,对金钱没有正确的认识,父母千万不要一味地指责、批评孩子,正确的做法就是耐心地纠正他,引导他正确地花钱。

1. 给孩子当家作主的机会

几岁到十几岁的孩子现在都已经接触金钱了,但是他们往往不懂得"柴米油盐贵",不懂得挣钱的辛苦。所以,他们才会动不动就要求父母买名牌衣服、昂贵的文具等。遇到这种情况时,父母可以给孩子一些机会,让他去买菜、交电话费、交水费等,让孩子知道父母每个月需要支付哪些开支,家里的钱是怎么花出去的。孩子了解了家中"财政"情况,就会慢慢学会节约了。

2. 教孩子有计划地花钱

现在的孩子大多有花钱没有节制,父母给多少花多少,花完了再跟父母要等这样那样的毛病。

其实,孩子这种见到新鲜东西都想买的欲望是无意识的,父母如果不注意而一味迎合就会滋长、纵容孩子的不良欲望。

要想教会孩子有计划地花钱,就要适时地控制孩子的欲望。除此之外,还要教给孩子一些理智消费的观念。

一位妈妈为了给6岁的孩子买一辆物美价廉的自行车,逛了3家商店,最后妈妈就把省下来的20元钱,给孩子买了一个他向往已久的乒乓球拍。

这位妈妈的行为给孩子做了很好的示范,用实际行动使孩子了解到什么是价格差,什么是理智消费。学会了这些,孩子在以后自己支配钱的时候不但会精打细算，而且还会有很强的计划性。

3. 让孩子养成记账的习惯

有些父母总是一味责怪孩子：怎么零用钱花得这么快？但是，孩子的钱到底都花在哪里了呢？有时不仅孩子说不出来，就连父母自己都弄不明白。遇到这种情况，父母就要鼓励孩子记账了。

刚开始孩子也许不知道如何下手，这时父母可以给予孩子适当的帮助。领到零用钱后，父母可以给孩子做一个全面分析，有多少东西必须在接下来的这个周期购买，如生活用品等；除去必需的花费，还剩下多少钱可以由孩子自由支配；在这些可以自由支配的钱中，孩子每天最多可以花多少才不至于超支。帮孩子把这些分析清楚，孩子花起钱来就不会没有计划了。

这种记账的方式，不仅可以培养孩子良好的理财意识和习惯，还能让他很容易接受"花钱容易挣钱难"的观念。

用生活细节进行理财教育

在目前的教育体系中，针对孩子们的理财教育十分缺乏。一个不容忽视的现实是：中国孩子的理财能力远远不及欧美国家。

在美国，多数3岁的孩子能够辨认硬币和纸币，一个8岁左右的孩子知道通过做额外的工作赚钱，知道把钱存在储蓄账户中；9岁的孩子已经能够制作一个简单的一周开销计划，购物时知道比较商品的价格。这些能力对大部分同龄的中国儿童来讲，是难以企及的。

如果一个人儿时没有培养良好的理财习惯和理财技能，长大后能够收支平衡已属不易，更别说具有良好的投资理财计划了。

尽管很多父母认为不应该让孩子过早接触"铜臭",但孩子长大后将不可避免地需要处理这些事情,那时他们幼时缺乏的理财教育终需在社会教育中弥补,势必影响他们的事业进程。

只有从小培养孩子的理财意识,通过教育不断提升其理财能力,他们未来的生活才会越来越好。因此,多给孩子一些理财教育是十分必要。

以下是美国少儿理财教育目标:

3岁:能辨认硬币和纸币。

4岁:知道每枚硬币是多少美分。

5岁:知道硬币的等价物,知道钱是怎么来的。

6岁:能够找数目不大的钱,能够数大量的硬币。

7岁:能看价格标签。

8岁:知道可以通过做额外工作赚钱,知道把钱存在储蓄账户里。

9岁:能够制定简单的一周开销计划,购物时知道比较价格。

10岁:懂得每周节约一点钱,留着大笔开销时使用。

11岁:知道从电视广告中发现理财事实。

12岁:能制定并执行两周开销计划,懂得正确使用银行业务中的术语。

13岁至高中毕业:进行股票、债券等投资活动的尝试,以及商务、打工等赚钱实践。

专家给您支招

俗话说得好:"细节决定成败",理财教育也是如此。父母要抓住生活中的每一个细节,对孩子进行正确引导,相信孩子在未来的日子里不会令你们失望。

1. 让孩子学会等待

研究表明,通过等待得到的东西,比只靠不断索求而得来的感觉更好。因此,在生活中,让孩子学会等待,是理财教育的重要目标之一。

一位聪明的母亲是这样做的：

儿子小军一年前就提出了自己的要求：想买一台笔记本电脑。但一台笔记本电脑太昂贵了，于是妈妈给儿子提供了这样一个方案：每周多给儿子100元钱作为准备买笔记本电脑的"专项补贴"，让他存起来，儿子再通过累积生日、节日等得到的钱，以及做额外家务赚来的钱，来实现自己买一台笔记本电脑的愿望。

结果一年以后，儿子终于达到了目标，欣喜异常！

通过耐心的等待和自己的努力，而买到的东西，孩子才会真正珍视。同时，他也学会了要细心打理自己辛苦赚来的"财产"。由此可见，让孩子学会等待，可谓对孩子理财教育一箭双雕的好办法！

2. 教孩子做好选择

做选择是生活的一部分，我们每天都必须做很多不得不做的取舍选择。因此，在孩子还小的时候，父母就应在生活中教会孩子一个道理：人生不可能同时拥有一切，应学会抉择。

当孩子小的时候，父母就可以先给出两个选择，比如问孩子："想要穿蓝外套还是黑外套？""想吃肯德基还是中国餐？"随着孩子年龄的增长，父母应扩大选择的数量，引导孩子独立面对三四个选择，甚至更多。

除了给予孩子足够多的选择外，父母还必须教孩子理解一个重要道理：人生中的正确选择不止一个，总会有比现在更好的选择；但一旦在多个选择中做出了一个决定，他就必须遵守和坚持。

因此，如果孩子选择了要柠檬味的糖果，后来后悔了，想要牛奶味的糖果，这个时候，父母千万不要心软而放纵他，要坚持给他买柠檬味的，既然选择了，就要坚持下去。

3. 让孩子用自己的钱去实现愿望

仅仅依靠"拒绝"等方法来管教和培养孩子是很困难的，尤其对那些心太软或不拘小节的父母更是如此。比如全家外出刚吃完饭，孩子又提出想去买玩具，这时，如果父母只是简单地拒绝孩子，就会引来他今后对父母的抱怨。

最好的应对办法，是让孩子用他自己的积蓄去实现自己的愿望。例如，父母可以这样对他说："我已经为你买了一张DVD，现在你却还想要另一张，我不会为此买单。确实想要的话，你可以自己掏钱去买。"

另外，关于孩子的零用钱，父母应遵守以下两条规则：首先，要清楚零用钱是孩子自己的，即便孩子想用零用钱买你认为是商店里最丑的一件衣服，你也不要反对。

其次，别把给孩子的固定零用钱与他该做的一些劳动绑在一起。

一位母亲有一个8岁的儿子，在儿子的学前阶段，她把给儿子的零用钱与他是否自己穿衣、整理玩具等联系起来；儿子大一些的时候又与他收拾自己的房间等联系起来。以前这种教育一直都很管用，但近来这位母亲开始烦恼了：儿子渐渐养成了做什么都向父母要钱的习惯，哪怕是洗了一件自己的衣服、整理了自己凌乱的书桌。

确实，如果把零用钱的发放与孩子本应做的事情绑在一起，孩子就会觉得自己任何的付出都应有所回报，导致父母陷入尴尬境地，最后不得不采用"强权手法"或"诉诸武力"的方法，而孩子此后则会一直抱怨父母不守信用。

增强自控助男孩抵制诱惑

抵制诱惑的能力需要从小培养,这就需要父母在一些原则问题上不能动摇。父母应该告诉孩子,生活中存在着形形色色的诱惑,但面对诱惑,要坚定信念、洁身自好。

一个成功的人通常有着顽强的精神信念和超乎常人的自控心理。增强孩子的自控心理,可以帮助他抵御外界的种种诱惑,保持内心的坚定与纯洁,更有利于其身心健康发展。

1960年,美国心理学家米卡尔曾做过一个"果汁软糖"试验,即将一群4岁的孩子留在房间,发给他们每人一颗软糖,然后告诉他们:"我有事要出去一会儿,你们可以马上吃掉软糖,但如果谁能坚持到我回来的时候再吃,谁就能够得到两块软糖。"

有些孩子比较冲动,实验者走后就迫不及待地拿走了糖果。有些孩子则坚持等到实验者回来,尽管等待的时间非常漫长。这些孩子用尽各种方法让自己撑下去:有的闭上眼睛,避免看见十分诱人的糖果;有的将脑袋埋入手臂之中,自言自语、唱歌、玩弄自己的手脚,甚至努力让自己睡着。20分钟以后,实验者回到房间,坚持到最后的孩子一下子得到了两块软糖。实验后,研究者进行了长达14年的追踪调查。

调查发现,这两种孩子在情绪与社会性方面的差异表现十分明显。自制力强的孩子在社会上适应能力较强,较为自信,人际关系较好,敢于面对挫折;在压力面前比较镇定,不易崩溃、紧张或乱了方寸,能够积极迎接挑战,不轻言放弃;在追求一个目标时,也能和面对糖果时一样压制立即想要得到的冲动。冲动型的孩子有三分之一缺乏这种特质,并且表现出一些负面特征,例如怯于与人接触和交流,容易因遇到挫折而丧失斗志,认为自己是坏孩子,比较自卑,遇到压力容易退缩或者惊惶失措,容易怀疑别人以及对别人感到不满,容易嫉妒或羡慕别人,因易怒常与人争斗,而且和小时候一样不易压制立即得到满足的冲动。

研究者在这些孩子中学毕业时又进行了一次评估,发现当时能够耐心等待的孩子在校表现更为优异。这些孩子学习能力较强,无论是语言表达、逻辑推理、专注度、制定并实践计划的效率、学习动机都比较好。而且,这些孩子的入学考试成绩大都较好,耐心等待的孩子比迫不及待取走糖果的孩子的平均成绩多出200多分。

当然,小小的糖果试验并不能预测孩子未来的能力和成就,人的能力和成就是由很多因素共同决定的。糖果试验只是反映了一个人在童年时期的行为,会随着他的成长慢慢地演变为他在方方面面的情感和社会能力的一部分。人在一生中,各种大大小小的成就都与抑制冲动、抵制诱惑的能力有很大联系。

专家给您支招

有这样一则笑话:有个小和尚初次下山,老和尚生怕小和尚受到女色的诱惑,就欺骗小和尚说女人是老虎,可是小和尚一下山,遇到女人就怦然心动,心想:"世上竟然有如此妩媚的'老虎'!"结果,他反而成了"老虎"的俘虏。由此可见,要抗拒、抵制诱惑,依靠强制手段是不行的,正确的做法是应当引导孩子认清诱惑,正视诱惑。

1. 父母要学会反思自己的行为

"子不教,父之过",孩子出了问题,父母应该从自己身上反思原因。父母大部分时间都用于工作、家务,很少花时间与孩子进行沟通。孩子的精神需求得不到满足,自然会寻求替代品,于是电视、电脑游戏就成了孩子的精神麻醉剂。有些父母自己不经常和孩子交流,也不鼓励孩子交友,不引导孩子参加一些有益的课外活动，虽然给孩子报名参加各种培训班，也完全出于功利心，并不是孩子想要的，孩子的精神需要仍然得不到满足，充沛的精力得不到释放，就会被各种诱惑所吸引，掉进各种欲望的深渊。所以，培养孩子抵制诱惑的能力，应要从父母自我思考做起。

2. 父母要放下架子，与孩子交朋友

文化传媒的普及，娱乐业的繁荣，引发了"追星"热潮，很多男孩因迷恋明星而痴狂，以至于耽误了学业、浪费了家中的钱财，更有甚者出现了心理问题，上演了轻生的悲剧……当孩子在"追星热"中丧失理智时，父母应放下长辈的架子，多与孩子沟通，由孩子喜爱的明星谈起，和他一起讨论理想、未来等，增进相互之间的了解和理解，帮助孩子更健康地成长。

3. 订立双方共同遵守的亲子协议

父母与孩子相互监督，在互相约束的过程中让孩子形成自我控制能力。就双方的学习、生活、劳动，包括看电视、上网等易上瘾的娱乐活动达成协议，对时间、地点、形式等予以规范化。协议生效后，双方都要严格遵守执行，违反规定者将受到相应的惩罚。注意要求不要太高，双方承诺的条件要具有可行性，本着循序渐进的原则，目标由小到大，实现起来要由易到难，根据实际情况而定。这种订立协议的方式，充分体现了孩子与父母的平等地位，使孩子的个性得到充分认可，更容易激发他的内在要求和自觉行动，帮助他提高自我约束意识、自我管理能力，使他更好地适应竞争日益激烈的现代社会。

4. 帮助孩子正确地结交朋友

有些父母害怕孩子在人际交往中受到伤害，就干预孩子的交往与交际，却没注意到孩子的孤独，而孤独正是孩子受外界不良因素诱惑的原因之一。所以，父母应该在理解孩子的基础上，鼓励、引导孩子交友，交好的朋友。

教给男孩一些省钱的技巧

伊丽莎白·多纳迪是美国加利福尼亚州"省钱夏令营"的创始人之一，该夏令营是一个非赢利组织，面向少年，每人收费279美元，教授一个短期的理财课程，教育孩子们掌握"财富"背后的规则，包括制定预算、了解利率以及为退休后存钱，听取白手起家者讲述他们的成功经历，等等。

无独有偶，中国一个理财夏令营在杭州启动，7天时间，收费3500元。参加这个夏令营的孩子的家长不是企业主，就是银行高管，或是律师，大部分孩子是"富二代"，家长希望他们早日学会理财，以后能继承家业。

家住萧山的周先生，儿子今年10岁，也参加了这个夏令营。周先生说："以前儿子只会伸手要钱，拿钱不当钱，觉得它们跟白纸一样，花钱一点不心疼。现在，儿子对钱的态度180度大转弯，前两天搬家还主动帮忙，希望能多'赚'点零花钱，问他干什么用，他回答说以后要'攒'钱买座小岛、买辆好车。"周先生觉得，有这个效果，花再多钱他也愿意。

近年来，由于全球金融海啸的影响，不少人投资失利、收入减少，以至于不得不紧缩家庭日常开支，节约度日。一部分父母会将家庭经济状况告知孩子，并对孩子提出要勤俭节约的要求。然而，对于父母的教育，大部分孩子表现出漠不关心、似懂非懂的状态。

专家给您支招

生活中，不少孩子对家里的经济状况根本就不关心，为此，父母有必要教会孩子一些经济方面的知识，让孩子尽早学会理财，学会理智地消费。要知道，省下的就是赚到的。要想有效提高孩子处理钱物的能力，需要采用一定的方式方法。

1. 延迟购物

如果一件商品有更新换代快的特点，不妨考虑一下延迟购物。新品上市的时候，一定要克制自己追时髦的冲动，先不着急买，等价格开始松动下降的时候，找准机会出手，绝对是"买得称心，用着舒心"。或者在看到自己喜欢的东西时，先记录在一张许愿单上，许愿自己可以买到，其实是给自己一个缓冲的时间，避免冲动购物。

2. 买卖二手物品

自己不需要的东西可能是别人正苦苦寻求的，所以，父母可以引导孩子树立买卖二手物品的意识，比如在网上挂上自己的闲置物，等待有需求的人来购买；也可以自己去找感兴趣的东西，以比较优惠的价格买下。

3. 花钱时不要攀比

孩子们在一起通常会有攀比的心态，看到这个小朋友买了件衣服，也要跟着买；看到那个小朋友买了新文具盒，自己也想有一个。对此，父母需要引导孩子有自己的主见，形成自己的品位，知道哪些适合自己哪些不适合自己，不要跟在别人后面胡乱跟风，这样既浪费钱，又没有实用性。

4. 把零花钱花在刀刃上

小孩子总喜欢用零花钱买一些花花绿绿的小玩意，但这些东西常常含有超标的重金属，对身体不好，而且孩子可能玩一段时间就喜新厌旧了。所以，父母应尽量教会孩子把零花钱用在一些必须要买的质量比较好的物品上。

让男孩不再习惯钱来伸手

现在大多数孩子都衣食无忧,把向父母要零花钱当做是天经地义的事情,从不考虑家庭的经济状况。孩子的零花钱来得轻而易举,花得也就大手大脚,全然不知父母赚钱的辛苦。他们不去想,父母的钱也是通过付出劳动和汗水得到的报酬,想要得到什么,每个人都必须要有所付出。因此,父母应该在家庭教育中,鼓励孩子自己挣零花钱,让孩子明白赚钱的辛苦,从而学会控制自己的消费行为,改变乱花钱的习惯。

"石油大王"洛克菲勒是闻名全球的富豪,按人们的想象,他的孩子肯定是要什么有什么,享尽荣华富贵,但事实恰恰相反。

老洛克菲勒对子女管教十分严格。小洛克菲勒继承了这一点,所以他的6个子女并没有享受过奢华的生活,他们没有网球场,没有棒球场,没有游泳池。在洛家庄园里,所有孩子都玩耍着自己制作的各种玩具,穿着普通的服装。

这是为什么呢?用小洛克菲勒的话说就是:"为了不出败家子。"他对孩子进行完全"平民化"的教育。他规定:零用钱因年龄而异,12岁以上每周2元,10岁之后每周1元,10岁之前每周3角。每周发放一次。孩子们所用的零花钱都进行了详细的记录。如果是不正当开支,下周发零花钱时就会予以适当扣除。

小洛克菲勒还积极地鼓励孩子们通过参加家务劳动来获得额外的补贴。比如:捉住阁楼上的耗子每次5分,逮到走廊上的苍蝇每100只1角,背柴火、垛柴火和拔草每小时可得若干,等等。当时他年仅9岁的二儿子纳尔逊(后来的副总裁）和7岁的三儿子劳伦斯（后来的新工业巨子）把给全家擦皮鞋的活主动承包了。皮鞋每双5分，长筒靴每双1角。

平时，小洛克菲勒还会带头缝补衣服给孩子们演示。孩子们还在他的要求下开垦菜园，种菜种瓜，不仅满足自家需要，有剩余还会卖给附近的食品杂货店。纳尔逊和劳伦斯当时就合伙饲养过一批家兔，成熟后卖给了医疗所供科研使用。

小洛克菲勒为了防止子女饱食终日，挥霍无度，在第一次世界大战爆发，物资严重短缺，而他们自身又完全可以食精脍细的时候，动员全家和千万平民一样转为战时的经济状态：面包限额，食糖限量，戒吃牛肉，子女外出游乐甚至也被禁止。这种严格的平民化的生活与观念的训教，使他的子女逐步养成了崇尚节俭、反对奢华的优良品格。

小儿子戴维（后来的大通国民银行总裁）在读大学时回忆道："从我们最初的岁月起，父亲就经常教导我们不能随便乱花钱，不要把食物吃剩在盘中，不用灯时不能将灯亮着……这些都是令人憎恶的浪费和懒惰。"

中国的父母可能会认为洛克菲勒对自己的孩子太苛刻了，实际上，洛克菲勒鼓励孩子们工作，是为了让他们体会到父母赚钱的辛苦，让他们明白只有付出才会有收获，积累宝贵的人生经验。孩子通过劳动赚钱，不但产生了一种自立感和成就感，也为将来独立开创事业积蓄了宝贵的知识和力量。

生活中有很多机会可以帮助父母锻炼孩子的能力，父母应该让孩子做一些力所能及的事情，帮助他发现挣钱的机会。

有时候，一些正确的"引导"，很容易让孩子进入"工作"的角色。有个日本男孩的父母对他要求很严格，虽然家境很好，可父母给他的零花钱并不多，而且常常告诉他赚钱要靠自己劳动。尽管他总是尽力去干一些家务活，但还是不能收获很多的零花钱。有一天，孩子对妈妈说："妈妈，虽然我有努力工作，但是我的零花钱实在太少了，怎么才能多一些？"妈妈笑着对他说："你可以把家里的一些废饮料瓶存起来卖啊！"男孩听了眼前为之一亮。此后，男孩利用空闲的时间去收集废弃的饮料瓶，有时甚至会去邻居家上门收购。后来,他还学会了计算差价。

有的父母认为家里并不缺少这点钱,没必要让孩子干这种"没面子"的事。然而,让孩子干活并不是目的,让孩子挣钱也不是主要目的,教育的目的是为了让孩子掌握生存的法则和财富积累的方法,为孩子的一生播下"财富"的种子。

专家给您支招

"要花钱,自己挣!"这是美国孩子经常从父母那里听到的口号。许多儿童通过照看小孩或修剪草皮等工作挣钱,这些不仅使他们有了劳动的体验,而且使他们对金钱的价值也理解得更深了一些。

中国并不缺口号,"奋发图强"、"自力更生"的意义绝不逊色于美国的"要花钱,自己挣"。中国父母所缺乏的,往往是实施这些口号的勇气。要培养孩子正解的金钱观,父母必须狠下心来,让孩子不再钱来伸手。

1. 引导孩子树立"要花钱,自己挣"的思想意识

一位爸爸在他的教子日记里介绍了一种教育孩子自己赚钱的好方法:

自从上幼儿园大班开始,儿子就开始向我要钱,"我想买水彩笔,给我两元钱"、"我想要5角钱去买棒棒糖"……每天都要钱,有一天我不耐烦了,就板着脸一本正经地对他说:"想要钱,自己来挣。"

小家伙委屈地说:"可是,我不会呀。"

"你可以帮父母做一些力所能及的活呀,比如扫地、擦桌子、倒垃圾,这些都可以挣到钱。"

"这样也可以呀?那真是太好了。"儿子对这种新鲜的协议很感兴趣。

有一天,儿子又对我说:"爸爸,我每次干了半天,累得腰酸背痛才得到两元钱,有没有方法少出力多挣钱呢?"

我想了想,认真地告诉他:"你可以用脑力赚钱,只要你给家里提一个

被采用的好建议,就给你体力劳动3倍的工资。"

结果儿子确实提出了许多好建议。现在儿子上三年级了,我们在零用钱方面,一直对他采取按劳取酬的政策。小家伙现在不仅爱劳动,还很爱动脑筋,"鬼点子"一直向外冒。

父母必须给孩子从小就灌输"要花钱,自己挣"的思想。这样不仅能够很快地促使他经济独立,而且可使他的心理更早地成熟起来。

2. 鼓励孩子做"生意"

欢欢已经6岁了,他床头贴着两张自制的广告纸:专业按摩公司,24小时营业。下面还有捏肩每次多少钱,捶背多少钱,还有敲背、砍背等等,这些详细的价格表,根据手法不同,价格也不尽相同。

广告做好后,欢欢向爸爸极力推销。开始说一卡10元,可按摩5次,爸爸没有理他。过一会儿降到一卡10次,虽然他极尽游说,爸爸还是没有就范。最后欢欢一狠心,扬言一卡10元,全年次数不限。爸爸于是欣然掏钱,没忘了让儿子在卡上注明:全年次数不限。

乐乐兴奋地收起他的"营业额",卖力地给爸爸服务了一次,之后就把这事抛到脑后了。这天,爸爸又要求捶背。乐乐不干,开始耍赖,对爸爸说:"你的卡早到期了,所以停止服务。"

爸爸拿出会员卡来证明不限次数,乐乐看到后躺倒在沙发里,闭上眼睛作无限痛苦状,继续耍赖:"今天休息。"

"可你的承诺是24小时营业。"

"今天装修整顿,不行吗?"

"公司不讲信用会倒闭的。"

乐乐无奈地爬起来,得意洋洋地笑了:"还是我赚了,你让我捶背,我要是不卖卡不也得捶吗?"

在经济飞速发展的今天,父母用一定的经济知识充实孩子的头脑是完全有必要的。孩子越早掌握一种本领,成功的几率往往会越大。所以,父母不妨鼓励孩子做点小生意：卖自己的点子、卖自己的劳动，或者把自己小时候的小人书、玩具卖给更需要的小朋友……

让男孩学会控制消费冲动

对于刚学习理财的人来说，冲动消费是一种不假思索的消费，也是理财的魔鬼。

要想培养孩子良好的消费观念，父母应利用好一些时机，在平时的点滴生活中，教给孩子有关消费的一些常识，让孩子学会理智消费，更加有效地分配自己的金钱。

一个懂得在消费冲动时自我控制的人，才能留住手头的钱，并把钱花到该用的地方。如果一味放任消费冲动而不控制自己，使得自己总是囊空如洗，根本无法完成更多的理财计划。

专家给您支招

正解的消费观念能够更好地指导孩子进行合理消费，不出现冲动消费和攀比消费的不良现象，从而积累更多的财富。父母可从以下几个方面提醒和教导孩子避免冲动消费：

1. 让孩子制定购买计划和目标

在随意的逛街过程中最容易发生冲动消费，如果孩子有短期或长期的购物计划，那个计划就会让孩子控制自己一时的冲动。比如，孩子一直想存钱买个遥控车，并且每个月都按一个数字存钱，那么他就不会因为一个变形金刚或汉堡包而破坏自己的计划。因为在孩子眼中，遥控车比那些东西对他的吸引力更强。

2. 让孩子不要随身携带太多的钱

有了消费冲动，但还要有钱才能进行消费。孩子手里如果经常有富余的钱，当然更容易消费了。为了帮助孩子控制自己的消费欲，父母要提醒孩子不要带太多现金在身上。

3. 让孩子避开容易花钱的地方

充满着花钱机会的环境，非常容易激发孩子的购买欲望，诱发孩子的消费冲动。所以，父母在安排休闲活动时，可以把孩子的空余时间安排去博物馆或公园之类的公共休闲场所，尽量避开容易花钱的地方。

父母也要提醒孩子，几乎所有人都会有购买欲望，几乎所有的人都会有消费冲动，但是，懂得理财的人却能理性地消费，控制住一时的冲动，省下许多不必要的花费，以便完成更长远的购物计划。

培养男孩的储蓄投资能力

美国的父母都很重视从小培养孩子的勤奋品质、独立能力,以及理财观念,希望孩子学会生存,懂得赚钱、花钱及与人分享钱财。

对于男孩来说,掌握一些理财投资的方法,对他的成长和成功非常有利。因为,只有学会了储蓄,他才能逐渐养成节约用钱的习惯;只有学会了投资,他才能在充满竞争的社会中率先学得生存的本领……因此,父母应该从小注重孩子财商的启蒙,培养孩子良好的理财观念,这种好习惯必将影响孩子的一生。

理财专家建议,父母在孩子还小的时候,就应该有意识地培养孩子的理财能力。

1. 以孩子的名义开设银行账户

著名的教育专家戈弗雷在谈到储蓄原则时指出:

孩子可以把自己的零花钱放在3个罐子里,第一个罐子里的钱用于日常开销,购买在超市和商店里看到的"必需品";第二个罐子里的钱用于短期储蓄,为购买较贵重物品积攒资金;第三个罐子里的钱则长期存在银行里。

为了鼓励孩子存钱,父母可以以孩子的名义开一个银行账户,当孩子看到自己的名字在铅印的存单或存折上时,会感觉到自己长大了,变得重要了。

2. 教给孩子一些让钱升值的投资方法

当孩子存了一定的金额时，可以教给孩子一些投资的方法，当他的钱因为投资而变得更多时，他就会对理财这项活动充满兴趣。

在国外，大多数父母都会让自己的孩子早早地接触基金、股票、拍卖、债券等理财知识。

一个儿子对妈妈说，他想在10岁生日时得到一台割草机作为生日礼物，母亲明智地给他买了一台。到该年夏末，男孩凭借割草机替人割草赚了400美元。这时，他的父亲建议他用这些钱做点投资，于是男孩决定购买耐克公司的股票。从那以后，男孩对股市产生了浓厚的兴趣，开始阅读报纸的财经版内容。

由上可知，只要父母能巧妙地将投资的意识融入在游戏和生活中，孩子自然会对此产生兴趣。

第八章　增强男孩的身体素质

　　身体素质是文化素质、道德素质、心理素质的载体。健康的体魄为一个人的发展提供了最基础的保障和平台。可以说人生的第一财富就是一个健康的身体。因此，在培养男孩的过程中，应该注意他们的饮食问题，并引导他们热爱运动，在运动中体验运动的魅力，获得优良的体质，并享受运动的快乐。

避免男孩长时间玩电脑

在网络飞速发展的今天，上网已经成为部分男孩最迷恋的东西。有些男孩不上网就觉得无事可做，甚至焦虑抑郁、心情烦躁，更有甚者患上了"网络成瘾症"。得此病的男孩通常在不上网的时候脑海中还会浮现网上的内容，无法摆脱时刻想上网的念头，一旦"断网"就出现无聊、焦虑的状态。这是一种因过度上网而引发的心理疾病。

网瘾形成后，不仅会荒废学业、破坏身体健康，还会带来更多不良影响。尽管没有一个患有网瘾症的男孩不想戒掉网瘾，但是欲罢不能、屡战屡败的反复，会让男孩对自己有失控的沮丧，与此同时，家人的失望、学业的落后更会让他陷入巨大的自我失望和精神压抑之中。这种状态若长时间得不到改变，男孩的一生都将受到转折性的消极影响。

对于患有网瘾的男孩，很多父母采用粗暴的制止和严厉的斥责，但这种方法往往不能奏效而且会起到相反的作用。因为过度的外界干涉和惩罚，会模糊男孩本来也可能有的厌恶网络的心理，而使他认为自己讨厌网络不是自己本来的厌恶而是外界强加给他的。

所以，明智的做法是，找一个孩子比较平静的时候，停止对孩子上网的干涉，心平气和地跟孩子谈一下。先不要谈他荒废的学业和家人对他的期望，因为这些过大的压力，会让孩子因为逃避而更加沉迷网络。父母要做的是积极地唤醒孩子对自己目前状态的认识。

其实，网络带给教育的困难和帮助是一个硬币的正反面。

父母对孩子上网既不能放任不管，也不能一律禁止。互联网在增长学识、信息传播、文化交流等方面都发挥着日益重要的作用，在这种形势下，拒绝网络就意味着拒绝进步。所以，父母需要关注的是孩子如何健康地上网，通过网络手段拓宽视野，提升科学文化素养，大可不必兴师动众地采取锁电脑、拔网线等办法来制止孩子上网。

 专家给您支招

为了让孩子有效利用网络而不是过度沉迷，父母应该帮助他正确了解网络对生活的意义。

1. 对孩子正确价值取向的引导

注重孩子精神生活的丰富，确立责任感、价值观可以预防孩子沉迷于网络。父母要明确告诉孩子网上的哪些内容能看，哪些内容不能看，引导孩子理解网上的世界和现实生活一样，虽然有许多美好的东西，同样也有许多糟粕的东西，如赌博、欺骗、色情、暴力。让孩子知道上网也是现实生活的一部分，在上网的时候，要学会明辨是非，自觉远离不健康的东西。

2. 对孩子进行注意力转移法教育

开辟网络之外的兴趣，对于已经有一定网瘾的孩子是一种很有效的手段。在周末或寒暑假，父母可根据孩子的兴趣，给他安排一些可以替代上网的活动，如听音乐、旅游、体育运动、画画等。

引导男孩积极参加锻炼

小男孩爱动,喜欢上蹿下跳,但当父母想让他真正去锻炼身体的时候,他往往会有很多借口来拒绝:"我肚子痛"、"我还得写作业呢"、"我还有很重要的事情要去做"……这是因为,虽然小男孩体内有过盛的兴奋剂,但是每一个小男孩都很懒,如果不是他喜欢的、感兴趣的活动,他宁可躺在床上睡觉或坐在电脑前打游戏,也不会选择到户外去锻炼身体。

磊磊是小学三年级的学生,放暑假后终于可以随心所欲地玩了,所以他找小伙伴们疯玩了几天。然而,他很快就感觉到了没意思,而且天气太热,于是,在接下来的日子里,他基本上每天都是在空调屋里度过。

他每天除了看电视,就是上网打游戏,因此常常会感到不想吃东西,还很累,而且他的眼睛在看远处的东西时好像已经不清楚了。更令他伤心的是,暑假结束了,同班的男孩都长高了,只有他的身高好像没有什么变化。

男孩们每天都在期待放假,因为放假时可以好好地玩个痛快。但到了真的放假时,他们往往又不知该干什么,结果就窝在家里。因为不必担心学习,又不用上体育课,小男孩要么因缺乏锻炼变成"小胖墩";要么因为不在乎正常的生活起居、生物钟混乱,引发不想吃饭、营养不良、无精打采等现象;要么因迷恋电脑、电视、电子游戏,导致视力大大下降。

假期结束后,大部分孩子都是没精打采地到学校上课,这也是很多父母所担心和焦虑的事情。那么,怎么才能让孩子丢掉懒惰过一个健康而又有意义的假期呢?对此,在保障孩子学习的前提下,父母可以和孩子共同制定一份合适的假期锻炼计划,让他真正加入到运动中来,鼓励和监督他参加锻炼身体。这样不仅能让孩子拥有一个健康的身体,还可以锻炼他的意志和自控能力。

专家给您支招

身体是革命的本钱，是孩子努力学习、健康成长的有力保障，因此，父母一定要时刻关注孩子的身体状况。

1. 积极参与，激发兴趣

父母在培养孩子对体育锻炼的兴趣的同时，应该带头并督促孩子积极参加体育锻炼。刚开始锻炼时，要特别选择孩子感兴趣的运动项目和运动方式，比如选择一些有意思的体育项目，以此激发他对体育运动拥有更大的兴趣或持久性，从而养成积极主动参加体育锻炼的良好习惯。

2. 循序渐进，逐步发展

锻炼活动的安排应该循序渐进，由易到难、由简到繁、由慢到快地逐步发展，切记不可急于求成。孩子经常眼高手低，过高地估计自己的能力，因此父母要帮助孩子从一开始偶尔参加锻炼，过渡到以后的经常进行锻炼，最后再到进行比较刺激的锻炼。

运动量的增加应该是一个波浪式的渐进的过程。如果心急或一味追求大运动量，不但容易出事故，还会影响正常的生长发育。

适当劳动让男孩更快乐

美国哈佛大学经40余年的研究后发现：适当劳动可以令孩子快乐。有些人童年时参加过劳动，甚至做过一些简单的家务劳动，这些人要比那些小时候不做事的人生活得更快乐，因为他们在劳动中获得了才干，还体会到了自己的社会价值。

但在现实生活中，很多父母忽视了对孩子进行劳动教育，轻视对孩子劳动习惯的培养，减少他动手的机会，降低生活自立能力，以至于他连自己的事情都不会做或不愿做。

7岁的杰克一点家务活都不会干。为了他有一个好的学习环境，妈妈承担了所有的家务劳动，甚至还照顾杰克的生活起居。所以，杰克除了好好学习外，什么事也不用做，房间里很乱，最后还得妈妈来收拾。有时妈妈没及时洗他的脏衣服，他还一脸的不高兴。

暑假来了，杰克通常这样度过一天：每天早晨起来不叠被子，先去洗脸刷牙，妈妈早早就把牙膏给他挤好了放在牙刷上；吃早餐时，妈妈把果酱抹到面包上准备好，放在桌子上等着他来吃；做作业时，妈妈事先将他的课本、文具拿出来摆在桌上；下午学琴时，妈妈还要送他去老师那里。

有一天，妈妈对杰克说："妈妈忙不过来了，你打扫一下房间吧。"他居然说："妈妈，这该怎么扫呀？是怎么个顺序呀？我不会呀……"

很多孩子的志愿都是将来当科学家、音乐家、宇航员等，可他们连自己东西都不愿意去整理。要是父母督促，他们就会找理由来搪塞："我将来是要做大事的，不应该做这些小事。"他们从来没有考虑过，一个人连小事都做不好，或是不愿意去做，将来又怎么有能力做大事呢？

那些连自己的房间都不会整理的孩子，在学校里的课桌也一定不会整齐，因为太乱，经常在上课时找不到课本、工具书、文具等，因为着急而导致情绪不稳定，从而使听课效率低下；从另一方面来说，即使上课时，作业本、书、笔等没有"失踪"，由于课桌不整齐，也会导致孩子听讲时分散注意力。

由此可见，帮助孩子养成热爱劳动、学会整理自己东西的好习惯，和培养其他的好习惯一样，是极其重要的。有些教育专家指出，培养孩子的自立，应该从2岁的孩子开始。2岁左右的孩子要懂得整理自己的玩具，玩完后把玩具放回原来的地方，不能随便扔。而一个13岁的孩子，已经有能力做很多的事情了，干家务活也应该是经常性的，收拾自己的房间、书包等应该是驾轻就熟、习以为常的，而不是让父母代劳，自己只学习，别的什么都不干。

学会整理自己的房间、书包、课桌，不仅能培养孩子的劳动能力，而且能让孩子在劳动中得到锻炼，更为重要的是能够减少许多生活和学习中的麻烦。

专家给您支招

父母不应该溺爱孩子而应该让孩子做一些家务劳动，如整理报纸、买酱油、擦桌子、打扫房间等，这些事情虽然不大，但对孩子来说却意义非凡。因为在做家务的过程中，孩子不仅可学到一些简单的家务技能，培养良好的劳动习惯，而且还能培养他的责任心。因此，父母应重视并利用家务劳动对孩子进行教育。

1. 从孩子感兴趣的劳动做起

孩子都有很强的好奇心，什么都想尝试，经常模仿大人的劳动。父母可以利用这一点来培养孩子的劳动习惯。比如，当孩子对洗衣服搓出肥皂泡感兴趣时，父母可以教孩子如何洗衣服，并让他自己动手洗自己的手帕、红领巾和袜子等；当孩子对扫地表现出极大兴趣时，可以教他如何扫地；当孩子对上街购物感兴趣时，可以让孩子去买点日常用品，并且教孩子学会算账、付钱。

2. 经常督促孩子

在孩子开始学着如何干家务时，父母要在一旁督促、指导，必要时给予一些帮助。任何好习惯的养成都不是一夕即成的，而是需要时间，这个时间长短不定，所以，父母不能见到孩子刚有点成绩就不再严厉，而要督促、指导孩子一段时间，让孩子真正爱上劳动。

3. 让孩子参加家庭劳动

父母应了解孩子的年龄特点和身体状况，适当给孩子分配一些力所能及的家务。比如，三四岁的孩子可以做整理报纸、给刚下班的父母拿拖鞋等简单的劳动；四五岁的孩子可做一些较为固定的家庭劳动，如打扫卫生时让孩子擦桌椅、吃饭的时候让孩子收放餐具等；五六岁的孩子劳动技能有较大提高，可让他洗碗筷、洗手绢、洗袜子等。

矫正生活中的不良姿势

颈椎病过去是中老年人的常见病和多发病,随着电脑的普及,学习压力的增大,加上长期坐姿或睡觉姿势不正确等原因,少儿颈椎病的发病率不断上升。颈椎病对于儿童来说,只要诊断明确,治疗并不是很难。但如果反复发作,既影响学习成绩,也影响身体健康,所以预防尤其重要。

孩子在身体状况正常时,食欲良好,做游戏也有精神,这时可以注意观察一下,他在写字、走路、吃饭、坐凳子、看图册、画画、和朋友玩游戏等时姿势是不是端正。

若要预防孩子因姿势不正确而导致各种疾病的发生,父母应教导孩子:

1. 学习时要保持良好姿势,一定要避免头部过低、歪头、端(耸)肩,避免颈部长期处于紧张状态等。

2. 睡觉时要选用合适的枕头。合适的枕头高度为:仰卧时应相当于自己竖起的一拳高,而侧卧时应与身体一侧的肩宽相当。

3. 常做颈肩保健操。事实证明,各种颈椎疾病的发生主要是因为颈段脊柱失稳,颈部肌肉劳损引起的脊柱外源性稳定性降低,这也是青少年颈椎病的主要病因。所以,加强颈部肌肉锻炼,维持颈椎内外平衡,是预防颈椎病的有效方法。

据一名小学老师反映,在新生测查过程中,他曾非常注意观察学前孩子的写字姿势和握笔姿势,结果发现很多孩子的姿势都是错误的。这位老师呼吁广大家长,种种错误姿势,影响运笔、书写速度和书写效果不说,时间长了,不仅会造成近视,还会严重影响身体发育。

专家给您支招

为了让孩子养成正确的姿势,父母可以参考下面的方法和建议:

1. 纠正要从小抓起

从孩子学爬行、学走路起,父母就要关注孩子的各种姿势,教导孩子用正确的姿势去活动,从小培养良好的坐姿习惯,这样孩子才能够正常地成长。

2. 发现苗头要及时纠正

生活中,只要发现孩子出现不正确的姿势,一定要立即纠正,说服孩子改正错姿。

男孩厌食应该对症下药

孩子较长时间不爱吃饭,在医学上称为"厌食"。厌食的原因主要有两种:一种是疾病的影响;另一种是由不良的饮食习惯和精神因素造成的。常见的多属后一种,比如食不定时、饮食无度、零食过多,经常受到一些不良的精神刺激等。

有的父母见孩子不愿吃饭,害怕影响其生长发育,便用孩子最喜欢吃的东西去引诱,比如给孩子吃巧克力。殊不知巧克力吃得过多,胃口就腻了,更不想吃饭,最后因偏食而造成营养障碍,患上软骨病、缺铁性贫血、近视眼等。

还有的父母担心孩子会得营养不良症,于是强迫孩子吃饭,有的像填鸭式的一口一口地喂;有的用讲故事的办法哄着吃;有的孩子边吃边玩,一顿饭吃个把小时;大一点的孩子,父母就训斥吓唬、打骂或唠叨不停,挫伤孩子的自尊心。这种不恰当的做法，会使孩子把吃饭看成不愉快的事，对吃饭更不感兴趣，形成顽固性厌食。

另外，生活不规律、过度疲劳、睡眠不充足、便秘、身体不适等也是厌食不可忽视的原因。厌食是儿童常见的一种症状，长期厌食可导致营养不良和体质下降，应引起父母的足够重视。

专家给您支招

当孩子发生厌食时，应到医院去检查是否为疾病所致，如果没有疾病，就要考虑是否有饮食不当或精神因素存在，然后针对厌食原因耐心地予以解决。

1. 饮食有度，养成良好的饮食习惯

预防儿童厌食，首先要注意培养孩子的良好饮食习惯，饭前洗手，饭后漱口，吃饭时精神要集中，不要边吃边玩、边看小人书。饭菜品种多样化，米、面、杂粮、豆制品、鱼、肉、蛋、菜都要有，食谱要常换，防止单调。由于孩子肠胃娇嫩，生硬油炸类的食物不宜多食，也不可吃得过饱。另外，冰冻食品容易损伤胃黏膜血管，使孩子的消化功能下降，不能多食。零食也要少吃。一般情况下，孩子能正常饮食就不要再额外添加保健品。

2. 吃饭要定时定量

吃饭定时定量可以养成良好的条件反射，促进胃液分泌。吃饭要有固定的地方和愉快的气氛或伴有轻松的音乐。最好大人和孩子一起吃饭；饭前、饭时不要批评孩子，也不要逗孩子；不要在孩子面前讲喜欢吃什么、不喜欢吃什么或今天这个菜好、那个菜不好等。

3. 适量运动

适当增加孩子在户外活动的时间，注意体育锻炼，以增加热量消耗，增进食欲，促进食物的消化和吸收。可以按照孩子的年龄来增加活动量，选择不

同的运动方式,使其气血畅通保持食欲。对于消化能力差的孩子,可以经常给予腹部按摩,帮助消化。

4. 让孩子自由选择,不要诱食和强食

国外有专家做过一个试验:每餐在孩子面前摆放多种不同类型的食物,如橘汁、胡萝卜、桃子、牛排、鱼、燕麦片、牛奶、香蕉等,吃什么,吃多少,父母不加任何诱导和约束,完全由他们自由选择。试验持续了6年,令人感兴趣的是,这6年中没有一个孩子患过严重疾病,甚至原来患有佝偻病等营养不良性疾病的孩子也完全康复了,生长发育完全正常。

研究人员对他们自由选择的食物进行热量分析后发现,热量摄入及酸碱平衡等指标均适应身体成长所需。这项试验不仅再次证实孩子具有自我保护的本能,更重要的是给了我们这样的启示:安排食谱要力求多样化,让孩子有充分的选择余地,即可收到良好的效果。

因此,父母在孩子发生厌食后,千万不要强迫他吃饭,更不能采用奖励或惩罚的办法。

5. 采用食疗的方法

食疗法可以分为两种:

(1) 大便干燥型

萝卜蜂蜜羹:白萝卜或心里美萝卜100克,擦细丝或搅碎,放入锅内,加水50毫升,水开后加蜂蜜20~30毫升。可消食导滞,又可润肠通便。

韭菜炒鸡金:将韭菜50克洗净切末,锅中加植物油、姜末少许,油热后炒韭菜,撒入鸡内金粉5克,加盐、味精调味,装盘,加香油5毫升,可佐餐,又可润便。

(2) 大便正常或偏稀型

山药扁豆山楂糊:扁豆50克煮烂,加去皮山药50克、去核山楂25克,煮至全部烂熟后,加入调好的藕粉搅成糊状,加白糖调味,代粥服。可健脾消食,增进食欲。

砂仁鹌鹑：鹌鹑处理干净，加砂仁1.5克，与公丁香1.5克用纱布包好，姜3大片，加麻油、盐、味精少许，加水150毫升，隔水蒸熟，吃肉喝汤。可健脾开胃，治食少体弱。

及时扼制男孩营养不良

营养不良是目前世界上导致儿童死亡的主要原因之一，在发展中国家，有2亿多5岁以下的儿童患有营养不良，每年造成600多万儿童死亡，幸存者常常伴有智力和学习能力障碍。

人们通常把消瘦、发育迟缓乃至贫血等营养缺乏性疾病，作为判断孩子营养不良的指标。此法虽然可靠，但发展到了这步田地，孩子的健康已遭受到一定程度的损害，给人留下"亡羊补牢"之憾，显然不是上策。

大量的事实表明，孩子营养状况不佳，通常会在疾病出现之前就已有种种信号出现了。父母若能及时发现这些信号，并采取相应措施，就可将孩子营养不良的状况扼制在"萌芽"状态。

1. 面部"虫斑"

面部"虫斑"是指出现在孩子脸上的一片或几片色素呈圆形或椭圆形的斑片，初为淡红，后转为淡白，边缘清楚，上面覆盖少量细小鳞屑，并有轻度瘙痒感，除脸部外，上臂、颈部或肩部等处也可见到。民间认为，此斑乃孩子肚子里有蛔虫寄生的标志，故有"虫斑"之称。其实事实并非如此。这种以表浅性、干燥鳞屑性、浅色斑为特征的变化，实际上是一种皮肤病，被称之为单纯糠疹，源于维生素缺乏，是营养不良的一个早期信号。

2. 情绪变化

大量研究资料显示，当孩子出现情绪不佳，尤其发生异常变化时，应疑其体内某些营养素不足。

（1）郁郁寡欢、反应迟钝、表情麻木，说明体内缺乏蛋白质与铁质。

（2）忧心忡忡、惊恐不安、失眠健忘，表示体内B族维生素不足。

（3）固执任性、胆小怕事，多因维生素A、B、C与钙质摄取不足而造成。

3. 行为反常

（1）不爱交往、行为孤僻、动作笨拙，多为体内缺乏维生素C所致。

（2）行为与年龄不相称，与同龄孩子相比行为幼稚可笑，表明氨基酸摄入不足。

（3）夜间磨牙、手脚抽动、易惊醒，常是缺乏钙质的信号。

（4）喜欢吃纸屑、煤渣、泥土，此种行为称为"异食僻"，多与体内缺乏铁、锌、锰等矿物元素有关。

专家给您支招

如果孩子出现了上述的某一种或多种状况，父母就应对症下药，及时治疗。以下几种方法可供参考：

1. 中药治疗

（1）黄鳝鱼1条，鸡内金10克。将鳝鱼去内脏，切块放碗中，加入鸡内金，蒸熟后食用。

（2）红薯叶30克，鸡内金10克，煎汤，调味服。

（3）人乳拌麦芽，煎汤服。

（4）山楂数个，红糖少许，煎汤服。

（5）鹅不食草3克，炖猪肉食用。

（6）金不换草60克，同豆腐炖服。

2. 西药治疗

（1）治疗期间宜予以维生素丰富的食物或维生素B族等药物。其他辅助治疗如苯丙酸诺龙25毫克，肌肉注射，每周2次，同时给予足量蛋白质类饮食。

（2）一般认为婴儿期以牛乳加蔗糖和植物油为最好的食品基础。年龄稍大可根据当地习用食品加添固体食物以提高热卡供给，如无腹泻、呕吐，早期即给予每天每公斤190热卡，逐渐增至200热卡。不能耐受乳糖者忌用乳类。

（3）少量多次输血、输血浆，行静脉或肌肉注射。亦可用胎盘血多量多次灌肠。

（4）顽固病例可采用肾上腺皮质激素、考地松等激素。

（5）针刺肝俞、胃俞、身柱，用短促强刺激。

3. 小儿营养食谱

小儿营养不良应注重蛋白质的补充，多选用牛奶、羊奶、全脂奶粉、豆浆、瘦肉、去刺的鱼肉、蛋黄、蔬菜、水果等。

（1）红枣泥

红枣100克。将红枣洗净，放入锅内，加入清水煮15～20分钟，至烂熟，去掉红枣皮、核，调匀即可喂食。

红枣是一种营养佳品，被誉为"百果之王"，含有丰富的维生素A、B、C等人体必须的多种维生素和18种氨基酸、矿物质，其中维生素C（抗坏血酸）的含量竟高达葡萄、苹果的70～80倍，维生素P的含量也很高，这两种维生素对防癌和预防高血压、高血脂都有一定作用。

（2）枣杏煲鸡汤

鸡500克，栗子（鲜）200克，杏仁5克，枣（鲜）150克，核桃100克，姜3克，盐3克。

杏仁放入沸水中煮5分钟，取出去衣洗净，栗子肉放入沸水中煮5～10分钟，取出去衣洗净，浸于清水中。核桃肉放入沸水中煮5分钟，捞起用清水洗一洗。红枣洗净去核。鸡切去脚洗净，放入沸水中煮10分钟，取起洗净。水

12杯或适量放入煲内煮开，放入鸡、红枣、南杏仁、姜煮开，慢火煲2个小时，加入核桃肉、栗子，再煲一小时，下盐调味。

4. 改善孩子的睡眠状况

专家提醒，除了营养以外，睡眠对儿童的生长发育也非常重要。人们常说"能睡的娃娃长大个"是有科学道理的，因为生长激素在夜间深睡眠时分泌达到高峰，深睡眠时间越长，生长激素分泌的量越多。如果因为各种原因影响了孩子的夜间睡眠，会直接影响生长激素的分泌。一般来说，3~6岁儿童每天睡10~12小时，小学生10小时，初中生9~10小时，高中生8~9小时，对保证正常生长最为有利。为了让孩子尽快进入深度睡眠状态，达到分泌生长激素的高峰，在晚上10点之前入睡最好。

男孩的营养要均衡调配

营养是健康之本，是生命赖以生存的必需品。对于正在生长发育的孩子来说，保证身体所需的营养，不仅是为了维持生命健康的需要，还是保证身体正常发育的需要。有的父母认为，要想营养充足就是要吃很多高级营养品，也就是天天大鱼大肉。其实不然，讲营养指的是合理营养。

幼儿阶段的男孩正处于生长发育的旺盛时期，需要足够营养素的摄入，父母应该根据幼儿每天所需的六大营养即蛋白质、脂肪、碳水化合物、水、微量元素和维生素，结合幼儿不同的年龄特点，为幼儿提供营养均衡的膳食。

父母应在扩大食品选择性的同时，根据孩子对营养的需求，做到：主副食协调搭配、酸碱平衡；主食米面与杂粮搭配，谷豆结合；副食要蔬菜、水果、禽、肉、蛋等适当搭配，使食物互补，营养全面，保证孩子获得丰富的营养物质。

在烹调的时候，还应注重食物的色香味形，诱发幼儿进餐的欲望，这样既保证了幼儿摄入营养素的全面与均衡，又纠正了挑食偏食的不良习惯。

由于生长发育的"迅猛"，男孩在进入青少年时期对营养的需求则十分重要。这期间，他们所需求的营养素的需要量是一生中最高的，因而每日供给的食物中，要保证足够的热量及蛋白质。

再者，男孩在发育期跟女孩相比，食欲更强，食量更大，因此谷类食物的摄入显得尤其重要。另外，在青春发育期间，身体生长比较迅速，身体内各组织、器官、肌肉都随之发育、生长，所以体内需要大量优质蛋白质。除此之外，因男孩青春期骨骼发育较快，应多食矿物质含量丰富的食物，如虾皮、海带、乳制品、豆制品等。

不过，有些男孩食欲好，偏爱肉类炸制食品，尤其市场上各种中西快餐店制作的高脂肪、高蛋白质食品如炸鸡、汉堡包、三明治、冰淇淋等，无时无刻不在吸引着他们。这种快餐食品长期食用，对身体有害无益，暴饮暴食更是有伤脾胃，影响其他食物摄入，还会导致肥胖及增加成年患心血管疾病的几率。

 专家给您支招

为了男孩正常的发育，确保男孩健康成长，父母要特别关注男孩的饮食搭配，为其提供均衡而合理的营养。下面提供一些方法和建议：

1. 注意不同时期孩子的身体变化

每个男孩各个时期的身体状况都略有不同，父母应该抓住孩子的不同特征，结合孩子的自身条件，为其科学合理地调配营养。

2. 在注重饮食营养的同时，还应注意让孩子加强锻炼

光食补并不能让孩子健康地成长，适当的运动必不可少，因此，父母在合理搭配营养食物的同时还应该督促孩子进行运动，每天坚持锻炼身体，这样他才能更加健康地长大。

给男孩的大脑补足营养

孩子是父母的希望和寄托。所有父母都希望自己的孩子身体健康、聪明伶俐。为此，越来越多的孩子在很小的时候就被父母送到早教机构，接受各种形式的培训和学习，希望通过这些途径提高孩子的智能开发，让孩子更聪明。

通常在孩子们聚集的地方，年轻的父母们谈论的话题多是：自己的孩子通过什么方式，学到了什么样的新东西。我们能够理解父母为孩子所做的一切，他们希望孩子有一个美好的将来，在未来竞争激烈的社会中能够立于不败之地。但这一切都只是为孩子做的后天教育巩固，更为重要的是给孩子的大脑补充足够的营养，这样孩子才有更多的精力去接受这样那样的教育培训。那么，孩子的大脑都需要哪些营养成分呢？

6岁以前是孩子脑发育最为重要的黄金时期，也是孩子智商发育的不可逆期。在这一时期，全面、足量、安全地为孩子的大脑提供脑营养元素是孩子聪明的重要因素所在。

科学研究表明，大脑功能的优劣在很大程度上决定于大脑的物质基础，而大脑的物质基础在很大程度上又取决于饮食中的营养成分。那么，大脑的"最爱"有哪些呢？

1. 脂肪是健脑的首要物质。脂肪在发挥脑的复杂、精巧功能方面具有重要作用。优良丰富的脂肪，可促进脑细胞发育和神经纤维髓鞘的形成，并保证它们的良好功能。

2. 维生素是健脑的必要物质。大脑离不开维生素和某些微量元素的帮助，因为维生素是大脑营养物质分解酶的主要物质。

3. 蛋白质是智力活动的物质基础。蛋白质是控制脑细胞的兴奋与抑制过程的主要物质，在记忆、语言、思考和运动、神经传导等方面都具有重要作用。

4. 糖是大脑最喜欢的营养物质。在传统的蛋白质、脂肪和糖类三种营养素中，葡萄糖是大脑唯一可以直接利用的能源。我们知道，大脑"偏食"并不是因为它格外"挑剔"，而是因为只有糖才能顺利透过脑屏障进入脑组织被脑细胞利用。大脑的工作效率是很惊人的，而它消耗的能量也大得惊人，只有体重2%的大脑，却要消耗人体20%的能量，这些能量的主要来源是葡萄糖。而大脑本身含糖量却很少，因此，血液中葡萄糖含量的高低对大脑能量的供给有很大的影响。应该注意的是，如果空腹的时候大量吃糖，会使血液中的糖分很快升高，引发高血糖昏迷，反而不利于大脑的健康。

5. 碳水化合物是脑活动的能量来源。碳水化合物在体内分解为葡萄糖后，即成为脑的重要能源。食物中主要的碳水化合物含量基本可以满足机体的需要。

要给孩子的大脑补充足够的营养，以使孩子变得更聪明，父母可以这样做：

1. 科学合理地食用健脑食品

简单地说，健脑食品就是有益于大脑的食品。然而，值得注意的是，儿童食健脑食品应做到科学、合理，尽量给孩子食用大量的天然野生动植物。它们富含大量保持着自然状态的矿物质、维生素、蛋白质等成分。少吃在非自然条件下栽培与饲养的动植物加工食品，因为加工食品破坏了食物所含的有效成分，降低了营养价值。

2. 给孩子添加一些满足大脑营养的食物

（1）鸡蛋。鸡蛋的营养是很充足的，一个受过精的鸡蛋，在温度、湿度合适的条件下，不需要从外界补充任何营养就可能孵出一只小鸡。鸡蛋中所含的蛋白质是天然食物中最优良的蛋白质之一，富含人体所需要的氨基酸，而蛋黄除了富含卵磷脂外，还含有丰富的钙、磷、铁以及维生素A、B、D等适宜大脑成长和发育的物质。因此，每天可吃1～2个鸡蛋来补充营养。

（2）豆类制品。大豆的营养非常丰富，富含植物性蛋白质、脂肪、B族维生素和钙、磷、铁等多种微量元素。因此，有人把黄豆制品称为植物肉。除此之外，黄豆制成的豆腐含有丰富的卵磷脂。大豆卵磷脂是从黄豆中提取的精华物质，是人体需要的脂类成分之一。卵磷脂能使大脑兴奋、清醒，并且能够改善人的记忆力，提高思维、反应、联想力。卵磷脂能使血管畅通，让血液顺利地携带丰富的营养源源不断地供给大脑。这是其他植物性食物所不能比拟的。因此，科学家们称大豆当中的卵磷脂为"智慧之花"。

（3）动物脑髓。从营养学的角度讲，吃动物的脑髓对人脑的确是有好处的：动物脑中大都含有丰富的卵磷脂，尤其是鱼脑中含量更高。鱼脑中含有一种不饱和脂肪酸，就是所谓的"脑黄金"。这些物质都是大脑必不可少的营养成分，对大脑细胞，尤其是脑神经传导和触突的生长发育有着极其重要的作用。经常吃鱼，尤其是鱼脑．大脑的功能就会得到改善。

（4）核桃和芝麻。现代研究发现，核桃和芝麻这两种物质营养非常丰富，特别是不饱和脂肪酸含量很高。常吃它们可为大脑提供充足的亚油酸、亚麻酸等分子较小的不饱和脂肪酸，以排除血管中的杂质，提高脑的功能。另外，核桃中含有大量的维生素，有利于消除大脑疲劳。

（5）水果。菠萝中富含维生素C和重要的微量元素锰，对提高人的记忆力很有帮助；柠檬可提高人的接受能力，因此，孩子在上课之前最好喝一杯柠檬汁；香蕉可以使人精力充沛、注意力集中，并能提高创造能力。香蕉含有可使神经"坚强"的色氨酸，有了色氨酸，任何压力都无法令人失去心理平衡；色氨酸还能帮助形成一种叫做"满足激素"的血清素，这是一种神经介质，能预防抑郁症的发生，使人获得幸福感。

保证男孩有充足的睡眠

充足的睡眠对正处于生长发育中的孩子是非常重要的。

与大人不一样,孩子需要更多的睡眠。他们至少需要9~10个小时的睡眠。而且,这10个小时的睡眠并不是在任何时间都可以"完成"的。孩子的生物节律与成年人的生物节律不一样,他们的睡眠是在一定的时间段里进行的。著名的德国时间生物学家于尔根·楚勒认为,在早晨6点半和7点之间,小孩的身体处于能量的低谷。其他专家甚至认为这一时间持续到早晨8点。所以,累根斯堡的精神病学医院睡眠医学中心的楚勒认为,如果让他们6点半左右起床,他们的状态就像一个喝醉酒的人一样,神志模糊,头脑不清醒。所以,父母一定要保证孩子充足的睡眠。

通过睡眠,不但精神和体力能得到恢复,而且能为人体积蓄力量,从而抵抗疾病的侵袭。

具体来讲,充足的睡眠对孩子的成长有着以下几个方面的好处:

1. 有利于增强记忆

在白天的学习、工作中,大脑神经细胞中的能量和氧消耗很大,充足的睡眠能让脑神经细胞处于"静止"状态,便于补充能量和氧。否则,大脑疲劳长时间得不到恢复,脑功能便会下降,记忆力随之减退。实验证明,充足的睡眠是使大脑记忆功能恢复的最佳方法。如熟睡6个小时,记忆力可提高一倍以上;睡足8个小时,记忆力会更好。

2. 有益于生长发育

生长发育有赖于脑垂体分泌生长激素,但儿童的生长激素只有在睡眠时才分泌,清醒时则处于停止状态。可见,要使孩子长得快,除了注意营养和运动外,更重要的是让他睡得好,睡得足。

3. 有助于护肤美容

人体中许多生物化学过程都是在熟睡中进行的,深度睡眠时各种保护皮肤的激素分泌加快一倍以上。因此,充足的睡眠可使皮肤不受外界干扰,全力以赴地进行自身的新陈代谢,以保护皮肤健康。

4. 有助于保护视力

儿童近视与睡眠不足有很大关系,因为睡眠不足会引起全身植物神经功能紊乱,进而使眼睛局部的交感神经失去平衡,从而引起眼睫状肌调节功能紊乱,导致近视。因此,保证孩子在身体发育期有充足的睡眠,是预防近视的一个重要措施。

专家给您支招

儿童睡眠不足,很容易导致肥胖症等多种疾病。大量事实证明,只有睡眠充足,孩子才能健康地成长。那么,父母应该如何保证孩子充足的睡眠呢?

1. 给孩子创造良好的睡眠环境

良好的睡眠环境可以保证睡眠的深度。良好的睡眠环境主要是指环境安静、室内空气新鲜。因此,睡眠时卧室要开窗,使卧室通风换气,保持室内空气清新。如果卧室空气不新鲜,或蒙头睡觉,不断吸进自己呼出的二氧化碳,就会因得不到充足的氧气而影响睡眠深度,醒后出现头晕、头沉的感觉。

2. 睡前帮助孩子做适当的运动

适量的运动不仅对身体有帮助，对睡眠也有很大的好处。运动能放松紧张的心情，使身心释放，有助于入睡。理想的运动时间应该是日间时分，睡前让孩子做剧烈的运动会刺激交感神经，使精神处于亢奋状态，难以入睡。相反，在睡前如果帮助孩子做几分钟简单的柔软操，让他的神经得以平静下来，将有助睡眠。

第九章　如何说男孩才会听

父母是孩子的第一任教师，而理想中的父母，不仅是孩子的老师，更是孩子的朋友。男孩学会与父母进行沟通是进入社会的第一步，同时，在融洽的交流氛围中，父母可以将期望和爱意充分地传递给孩子，让孩子在愉悦自在的家庭环境中茁壮成长。

与男孩无效的沟通方式

沟通是指通过谈话或其他方式进行相互了解。人们在生活中难免有碰撞的时候，只有通过沟通，双方才能达成谅解，形成共识。

孩子幼小的时候由于比较幼稚、简单，对父母依赖性强，许多事情都会对父母讲，亲子间的沟通是顺畅的。当孩子进入青春期，生理、心理、需求都发生了变化，如果父母还固守原来的观念，孩子在父母面前找不到沟通的快乐，不仅会关闭耳朵，而且亲子沟通的大门也会就此关闭。

在现实生活中，有些父母总习惯把自己的"命令"、"指挥"、"责骂"、"批评"看做是与孩子沟通。这些当然也是一种沟通方式，只不过是消极的沟通。

孩子长期生活在消极的沟通模式下，往往会关闭自己的心灵，甚至对父母产生敌意。令人担忧的是，绝大多数父母都没有意识到这一点。

有专家指出："父母与孩子长期对不同的事物产生误解，最后造成代沟，归根结底是缺乏有效沟通造成的。"

其实，有些父母也很努力地想改变自己、改变沟通方式，但仍然无法与孩子很好地沟通。生活中，我们常常会遇到这样的场景，妈妈们凑到一起，话题往往脱离不了孩子：

"我家孩子都11岁了，还特不懂事。无论我和他爸说什么，他总是和我们唱对台戏，好像就想和我们对着干一样。"

"我家孩子也有这毛病，每当我想与他聊天沟通一下，他总会说：'妈妈，你又来了，烦不烦呀？'我也不知道我怎么就这么令她讨厌！"

当自己"屈尊"主动与孩子沟通的时候，孩子往往不领情，这时父母就会很迷惑，问题到底是出在自己身上，还是出在孩子身上？

父母是孩子最亲近的人，孩子都有与父母交流和沟通的欲望。但是，当他认为父母不理解自己、不尊重自己时，就会关闭自己的心灵，不愿意与父母沟通。

所以，父母首先要弄明白孩子不愿与自己沟通的原因，然后再想办法与孩子沟通。以下是两种常见的原因：

1. 孩子存在防备心理

很多父母认为，孩子怎么会防着我们呢？我们做的一切都是为了孩子好呀！其实，正是父母"为孩子好"的心理，才导致出现了一种无意识伤害孩子的现象。

一位上小学四年级的孩子在他的日记里这样写道：

"他们对我的生活照顾得无微不至，什么也不让我干，但是我真正想要的、想干的，他们并不了解，也不感兴趣。他们只是希望我好好念书，除了念书什么也不让我做。"

每个孩子都有自己独立的思想和意识，如果父母不尊重孩子，总是以"我为你好"的思想来压制孩子，孩子就会受到伤害，并建立心理防御机制，防止父母再次伤害自己。于是，冷漠、无视、叛逆等自我保护的方式就出现了，沟通也随之停止。

2. 与父母没有共同语言

很多父母只知道要求孩子好好学习，每天与孩子交流的话题也只限于孩子的学习，忽视了孩子的情感等需求。

"妈妈，你知道周董是谁吗？"妈妈摇摇头。

"妈妈，我要和隔壁的小军PK。""PK？"妈妈一脸茫然。

结果，在孩子眼里，妈妈成了"老古董"，沟通也变得越来越困难了。

生活中,父母的哪种沟通方式是无效的呢?下面总结了常见的几种,父母们应引以为鉴。

1. 忽视

孩子:"妈妈,我想和同学去踢足球。"

妈妈:"想去就去吧,别来烦我了,妈妈忙着呢!"

孩子:"妈妈,我有道题不会,你来教教我吧。"

妈妈:"妈妈很累,没有精力教你了,你自己再想想,要不明天去问老师。"

忽视型的妈妈基本上无心或无能力回应孩子的需要,这种类型的妈妈通常比较缺乏做家长的意识。

在这种环境中长大的孩子,人际交往能力差,不容易相信别人,适应环境的能力也不佳。因为自幼在情绪上受忽视,所以孩子长大之后很容易敌视别人,从而影响与他人的交往。

2. 指责

"你都多大了,就知道玩,怎么就不知道学习呢!你什么时候才能让我省点心呀?"

"快去把你的猪窝收拾干净!"

"你这孩子,就知道闯祸,我上辈子造了什么孽呀,怎么生出你这样的孩子来呀!"

很多父母经常把请如此类的话挂在嘴边,这样的责骂不仅严重伤害了孩子的自尊心,也严重损害了父母在孩子心目中的形象。

也许是孩子真的做错了事,也许是父母误会了孩子,但是,只有犯了错误再去改正错误,孩子才能更加成熟,才能更快地成长。

只有那些不懂得教育孩子的方法,不知道怎样运用有效的沟通来引导、启发孩子的父母，才只会盲目地使用批评、责骂等负面的沟通方式来教育孩子。

3. 包办

孩子："妈妈，我的小手帕脏了。"
妈妈："放那吧，妈妈一会儿就给你洗。"
孩子："妈妈，下周我们学校组织去夏令营，你说我带点什么东西好呢？"
妈妈："行了，妈妈知道了，明天就给你准备好。"

这种类型的妈妈只知道照顾好孩子的生活，生怕孩子饿着、冻着，这种类型的妈妈是出色的保姆，而不是优秀的妈妈。因为她们忽视了孩子的情感需求，也忘记了孩子有交往的需要、自我体验的需要，等等。

这种类型的妈妈还特别喜欢唠叨，"早点睡觉，要不明天会迟到的"、"过马路要小心，看着点车"、"中午学校的饭不太好吃，但你正在长身体，一定要多吃点"……尽管她们为孩子付出了很多很多，但孩子往往会不领情，甚至会说妈妈不了解他们。

正如一位儿童心理学家所说："有的父母认为对孩子唠叨一顿就是沟通，结果自然是向糟糕的方向发展。"

4. 纵容

"好孩子，别哭了，妈妈什么都答应你。"
"儿子，你喜欢什么样的文具盒，只要听话，再贵的妈妈都给你买。"
"不就是一件衣服吗？不要听爸爸的，妈妈明天就去给你买！"

在很多妈妈眼里，孩子是最重要的，甚至是自己的希望。因此，她们努力为孩子塑造一个完美的世界，一旦孩子不满意了，她们就想尽各种各样的方法，帮助孩子把快乐的世界修补好。

这样的做法，看起来是妈妈在用心呵护孩子，事实上，这类妈妈在不知不觉中已经放弃了自己做母亲的责任。孩子在这样的家庭环境中长大之后，往往会出现以自我为中心的任性状态，冲动而缺少自制力，并缺乏换位思考的能力。

给予男孩充分的发言权

每个人都有说话的权利，孩子也不例外。父母应仔细反思一下，自己给孩子说话的权利了吗？当你批评他的时候，他如果辩驳或者解释，你是不是会说"你不用再解释了，我不相信"、"你又在说谎"、"别再找理由了，我不会相信你的话了"。

小宝今年9岁，是一个活泼好动的孩子，他很喜欢给幼儿园的小朋友唱歌。每当小朋友聚在一起玩耍的时候，小宝就建议大家听他唱歌，但小朋友们都觉得小宝唱得一点也不好听。

这一天，小宝又要给小朋友唱歌。一个小孩立刻站起来反对说："你不要唱了，你唱得太难听了。"

孩子们听见有人这样说，也纷纷响应。小宝觉得很委屈，就大声哭起来，并拿起桌子上的玩具朝那个反对他的小朋友丢去。

晚上放学的时候，小宝的妈妈来接他放学，听幼儿园的老师说起这件事。回到家里，妈妈并没有责怪小宝，她轻轻地问小宝："儿子，能跟妈妈详细说说发生了什么事情吗？"

小宝摇摇头。

妈妈又说："没关系，即使是你的错误，妈妈也要弄明白你错在哪里。"

小宝看了妈妈一会儿，然后说："幼儿园的小朋友都不喜欢听我唱歌。"

妈妈点点头说："为什么呢？"

小宝说:"因为他们觉得我唱歌很难听。"

"所以你就拿玩具扔向小朋友吗?"

"我很生气。"小宝皱着眉头说。

妈妈耐心地说:"那么,别的小朋友在听你唱歌的时候就不生气吗?他们不喜欢听,可你还要勉强别人听。"

小宝不出声。

妈妈又问:"你还有什么没和妈妈说吗?"

小宝想了想,然后摇摇头说:"没有了。"

妈妈以民主的态度向小宝了解了事情的经过,然后又耐心地劝导小宝说:"如果小朋友不爱听你唱歌,你就回来唱歌给妈妈听,因为勉强别人是不好的。比如,你不喜欢吃菠萝,如果妈妈勉强你吃的话,你也不会高兴。还有不应该拿玩具打小朋友,明天去向小朋友道歉吧。"

小宝点点头,同意了妈妈的要求。

只要父母给予孩子充分的发言权,让孩子发表意见,讲讲所思所感,孩子便会变得善于思考,自主意识增强。

专家给您支招

父母让孩子"住口",说明不够重视孩子的意见,他们让孩子住口,自己却整天唠叨不止。长期下去,孩子会变得不愿和父母说话,常常是父母喋喋不休,孩子充耳不闻。成功的父母不会把孩子的嘴堵上。

当孩子犯错时,父母需要注意以下两点:

1. 要相信孩子

不要轻易说出伤害孩子自尊心的话,而要循循善诱,这样才能督促和引导孩子进步。有时父母一句不经意的话、一个微不足道的举动,都会给孩子一个示范,所以要给孩子正面的引导。如果孩子觉得父母讲道理,能够理解自己,那么孩子也会讲道理,性格也会变得坦诚、豁达、开朗。

2. 不盲目指责

父母要耐心听完孩子的解释，也许孩子已经不止一次犯这个错误，但是父母仍然要耐心地听孩子说完，然后指出孩子的错误，并帮助他改正。

说话时注意男孩的立场

父母在教育孩子时尤其要谨慎用词，要注意孩子的立场，分清楚什么时候该和孩子说什么样的话，什么话能说，什么话不能说。

小柯聪明活泼，是冯老师班上一个听话的孩子，老师们都很喜欢他。上星期，小柯因为感冒在家休息了几天，星期三才到幼儿园上学。

早晨奶奶送他来上学的时候，他还高高兴兴地和奶奶告别。过了一会儿，当早锻炼的音乐响起来时，小柯忽然大声哭了起来。冯老师连忙走过去问："小柯，你怎么了？"

小柯边哭边结结巴巴地对冯老师说："老师，我不出去。"

冯老师想，可能他的感冒还没有彻底好，就同意他坐在教室里。

第二天到了早锻炼时间，小柯又哭着说他不想出去，要坐在教室里。

冯老师想，小孩子身体恢复比较慢，就又同意小柯坐在教室里了。做游戏时，冯老师准备带领小朋友们去大型活动器具那儿玩，无意中看到小柯渴望的眼神，就轻轻地问："小柯，你想去和小朋友一起玩吗？"小柯点点头。冯老师又问："小柯身体已经不难受了吗？"他又点点头说："我早就不难受了。"

这时，冯老师明白了，原来小柯的身体早好了，只是为了逃避早锻炼才不想出去的。当时冯老师同意他去玩，并对他说："小柯身体好了，明天要出来参加早锻炼啊。"小柯高兴地答应了。

第三天早上，当早锻炼的音乐响起来时，小柯又哭着不肯出去。冯老师发火了，生气地问他："你昨天不是答应老师说要参加早锻炼吗，你说话不算数，以后老师怎么相信你呢？"小柯好像知道错了，就哭着到操场上去排队，过了一会儿他就开开心心地和小朋友在一起做游戏了。

到了放学时间，小柯的奶奶来接他回家，冯老师主动找他奶奶谈了谈，说了这几天小柯在学校的情况。小柯的奶奶恍然大悟，说："这大概是我的错。小柯感冒好了，第一天去上学时我跟他说：'你身体还没有完全康复，今天早操就别出去了。'没想到他这几天都不愿意出去了。"冯老师总算明白为什么平时很乖的小柯这几天会出现这样的行为了。

由此可见，父母在孩子面前不是什么话都能说的。父母在说话的时候，要注意孩子的立场，设身处地地为孩子着想，才能引导孩子的心理健康发展。

专家给您支招

下面提供几种说话的方式，可以让父母在与孩子亲切交流的同时，使孩子健康地成长。

1. 叮嘱孩子要这样说

王刚的妈妈看见儿子穿上了新买的鞋子准备出去，便问儿子："你要去哪里？"王刚说："我想出去跟小朋友玩一会儿。"妈妈叮嘱道："玩的时候注意点，不要把新买的鞋子弄脏了。"王刚点点头出去了。结果，因为一直记得妈妈的话，他没有和小朋友痛快地玩耍，心里一点也不高兴。

李亮也是穿上了妈妈给买的新鞋子准备出去和小伙伴玩。妈妈看见了，但是没有说话。李亮穿好鞋，过来和妈妈打招呼说："妈妈，我要出去玩了，吃饭的时候就回来。"妈妈高兴地说："穿上了新鞋子，出去记得痛痛快快地玩。"李亮出去果然玩得很愉快，而且他很珍惜鞋子，并没有把鞋子弄得很脏。

2. 关心孩子的话语要简练说

李女士早上送儿子上学，出门前，她边给儿子整理衣服边说："路上要小心，过马路不要忘了看红绿灯，遇到陌生人跟你说话，也不要随便搭腔，在学校有什么事情要先找老师。"孩子不耐烦地说："知道了，每天都说，耳朵都长茧子了。"

同样是送儿子上学，丁女士的做法却不同，出门前她问："出门前要做什么？"儿子系好鞋带又整理了一下衣服。妈妈又问："在路上要注意什么？"儿子简练而快乐地答道："要注意安全。"然后就高高兴兴地上学去了。丁女士的做法不但培养了孩子良好的生活习惯，还提高了他的自主能力。

父母有时候只要做好提问者的角色，与孩子的沟通就会事半功倍。

谈话前摸清男孩的想法

小马是个15岁的男孩，由于妈妈不再给他零花钱，没钱去打游戏机，所以对妈妈很反感，妈妈说什么他都不听，事事与妈妈对着干。为此，妈妈常跟朋友念叨，为了让孩子学习、生活得愉快，我经受的艰辛都不让孩子知道，没想到他现在这样对待我。后来，在外地做工的爸爸回来了，他把自己的艰辛和经历都详细地讲给孩子听，之后，妈妈发现儿子变乖了许多，便问小马的爸爸是怎么回事。爸爸说："小孩子也是人，很多问题，你只要去跟他沟通，他就会明白，你以前太缺乏和孩子沟通了！"妈妈听了恍然大悟，以后特别注意和儿子之间的沟通交流，结果，小马身上许多逆反的行为都消失不见了。

如果父母能让儿子了解父母工作的忙碌和生活的艰辛，孩子就会理解父母，改变自己对父母的错误态度，变得懂事听话。

孩子在家庭中扮演的虽然是孩子的角色，但与父母一样，他们的价值和尊严应该受到尊重。父母只有放下架子,在生活中尊重孩子,以平等的身份对待孩子,与孩子建立相互信任,做孩子的知心朋友,才能实现最成功的沟通。

研究发现,如果你试图改变某人的个人爱好、要求,你越是使自己等同于对方,你就越具有说服力。孩子如果向你提出某种要求,你若将自己设计为孩子,而将孩子假设为自己的长者,这时候的你是什么样的心情,毫无疑问是多么急切、多么想得到同意和赞许,并希望马上兑现要求。

父母要善于体会孩子的感受,可以说:"儿子,我理解你的心情,小时候的我,也经常这样。但是,当我慢慢长大懂事后,就很少这样了,我相信你一定是个懂事的孩子。"这样就显示了父母对孩子感情与愿望的尊重。孩子也许能够理解父母的心情。同时,父母还可以提出更好的意见或建议,让孩子有所选择。

专家给您支招

生活中,父母可以通过以下方法,真正站在孩子的角度,与孩子做知心朋友:

1. 父母要给孩子树立榜样

始终如一的意思,是指每当某事或某种情况发生时,父母始终用一种方式处理。对待孩子的一致性,是孩子对父母信任的基础。当孩子预先知道父母的意图,以及父母会怎样反应时,他就会感到比较安全。这种安全也是构成孩子对父母信任的重要基础。

2. 对待孩子要真诚

在与孩子相处时,不要有任何虚假。要求父母能客观地意识到自己在想什么、感受什么以及做什么。除了自我意识,真诚还意味着向孩子敞开你的思想和感受。当你的工作没有做好时,你可以说你很灰心。如果对儿子很生气,直接对他表露这种感受比用隐讳的方式更好。

3. 敢于向孩子承认错误

承认错误，包括准确地承认自己的弱点和错误。父母在教育孩子的过程中，难免会出现一些错误。如果对这些过失的发生，父母能用疏导讲理、慈爱的态度来解决，孩子就能够接受，而且不会有无法挽回的伤害。

学会耐心倾听他的声音

在成人的世界中，有一种人特别受欢迎，他们在听别人谈话时，无论对方的地位怎样，总是细心、耐心、专注地倾听，说者自然也就感觉畅快淋漓，受到重视。

我们也曾这样耐心地对待过自己的孩子吗？其实，心灵的快乐比物质上的需求更让孩子渴望。成长中的烦恼多如牛毛，孩子需要理解、需要关注、需要交流、需要有个可以随时倾诉的对象，为他提供一个发泄的出口，为他搬走心中烦恼堆成的巨石。

但生活中，孩子往往找不到可以倾诉的人。有些事无法和同学说，因为有些烦恼是和同学一样的，两个孩子在一起不会想出更好的解决办法；也不能和朋友讲，因为有些烦恼就是因朋友而产生的；更不可以和老师说，因为学生和老师很难站在同一个立场上看问题。最好的倾诉对象就是父母，尤其是脾气好、有耐心的妈妈。但妈妈每天不是上班就是忙于家务，剩下一点时间还要督促孩子学习，根本没工夫听孩子诉说烦恼。

这种对感情的忽视，妨碍了孩子心灵的成长，直接导致了某些悲剧的发生。而父母、老师不仅不反省自己对孩子的情感疏忽，反而责怪孩子不懂事，逆反心理太强，进而和孩子发生激烈的矛盾冲突，结果不仅影响到孩子的生活和学习，还影响了亲子、师生关系。

父母应当明白，倾听孩子的目的，不是看他说的事情对与错，而是用"倾听"这个态度给予他支持和理解；通过倾听来表达自己对孩子的爱，让孩子感到他在这个世界上并不孤独，父母永远是他心灵的归宿。

专家给您支招

认真倾听孩子是一种神奇的家教艺术，它能让孩子感觉到，父母在尊重他，并把他当成"大人"看待。因此，孩子会更愿意把自己的心声告诉父母。所以，聪明的父母与其做一个高明的"说教者"，不如做一个高明的"倾听者"。

1. 用正确的方式倾听

首先，父母倾听的姿态一定要正确。

（1）停。包括手和心理的"停"，即父母要暂时放下正在做或正在想的事情，注视孩子，给孩子表达的时间和空间。

（2）看。即仔细观察孩子的脸部表情、说话的声调和语气、手势以及其他肢体动作等非语言信息。

（3）听。即专心倾听孩子说什么，同时以简短的语句，如"你觉得老师不公平吗"、"你很生气自己被冤枉吗"等，把孩子的想法和感受引导出来。

除了姿态要正确外，父母还要表现出听的兴趣。如果孩子经常听到父母这样说，"知道了，早知道了。别烦我"、"该干吗干吗去，谁有工夫听你神侃"……孩子肯定会把自己心灵的大门紧紧关闭，从此有什么事也不会再向父母说。

因此，当孩子说起某件好玩的事情时，父母一定要表现出兴趣，认真地听，并把这种认真的态度传达给孩子。那么，父母如何表现出听的兴趣呢？

（1）运用表情变化来传达。比如保持微笑，并常常做出吃惊的样子。

（2）利用语言表达。在倾听孩子说话的过程中，用简单的诸如"太好了"、"真是这样吗"、"我跟你想的一样"、"你的想法太好了，请继续说"、"我简直不敢相信"等话语来表示你的兴趣。

2. 再忙也要听孩子说

"我妈从来不愿意听我说话,她每天说得最多的话就是'我很忙'!"

"我家里人很少在一起说话聊天,每天都是自己忙自己的事情,在家一点意思都没有!"

"我和爸爸根本无话可说,他好像也不喜欢和我说话,所以我只好上网聊天了。"

其实,在孩子的内心深处,是很希望与父母交流的。孩子有高兴的事,首先想到的是告诉父母,与父母分享快乐;有了烦恼的事,也很想得到父母的开导和帮助。但是,大多数父母没有和孩子交流的习惯,他们总是说"我很忙,哪有时间听孩子说个没完呀"。在这种观念的影响下,父母与孩子之间的代沟会随着时间的脚步而越来越深。

"每天暂停10分钟,听听少年心底梦",这是一则公益广告,它通俗地道出了父母要善于倾听孩子诉说的重要性。

每天抽出一点时间,哪怕只有10分钟,对父母来说并不是一件多么困难的事情。父母可以在吃饭的时候,与孩子聊聊学校的事情,当然不宜提学习成绩;妈妈可以在孩子睡前的10分钟,听他唠叨一下与同学之间的关系……听孩子诉说,是帮助孩子成长的一个很好的途径,也是父母的一份责任,应给予足够的重视。

3. 不要突然打断孩子的滔滔不绝

当孩子说话时,不可轻易打断孩子的话,要耐心地、尽可能地让孩子把话说完。比如孩子说:"妈妈,我想看……"妈妈知道孩子想看动画节目,便打断孩子的话:"想看动画片吗?不要动,妈妈来开电视机。"长此以往,孩子会养成说半截话的习惯。

孩子想说的多是自己的要求或感受,尤其是他感到好玩或害怕的事,但父母往往忽视这类问题,不注意听完孩子所说的完整的话语。长期如此,将会挫伤孩子说话的积极性。

所以，父母要学会做冷静的听众，在没有压力的环境中多给孩子提供一些说话的机会，不要轻易打断孩子的话，不要替孩子说，也不要强迫孩子"再说一遍"。当孩子说得好时，应马上给予赞扬和鼓励。如果孩子不愿意，不要强迫他在生人面前说话，因为在公开场合说话容易引起情绪激动，使本来讲话就紧张的孩子变得更加紧张。

在交流中，最好不要轻易打断孩子的叙述，但当孩子滔滔不绝或者不知该如何表达时，父母就该适时插话："我想你的意思是不是……""那么这件事你怎么想呢？"帮助孩子一起找到所谈话题的中心，找到以后不要迫不及待地发表自己的观点，而应先问问孩子的想法。

"你啰里八嗦到底要讲什么啊""这种小事有什么好讲的，赶快去看书！"如果你如此粗暴地打断孩子，就别怪孩子以后不愿理你。

不少父母在听孩子讲话时，有时会觉得孩子的语句、用词不够成熟，喜欢抢过孩子的"话头"来说，这样做无疑是剥夺了孩子说话的机会，同时也会让孩子对以后的表达失去信心。

因此，当孩子想说话的时候，即便他词不达意，父母也一定要让孩子用自己的语言把意思表达出来，而不要抢做孩子说话的"代言人"。

尝试多渠道与男孩沟通

沟通没有一个通用的模式,与这个孩子沟通的方式并不一定适合那个孩子,而且单单的语言沟通或许只会增加孩子的反感与排斥。因此,父母应该尝试多渠道与孩子进行沟通。只要父母有诚意,任何一种沟通渠道都可以到达孩子的内心深处。

一位妈妈在她的日记里记录了这样一件事情:

圣诞节那天早上,我给刚上一年级的儿子讲了圣诞老人的故事,并很认真地告诉他:"只要在学校认真学习,每个孩子都会得到圣诞老人的礼物,而且是他最想得到的礼物。但是,如果他不认真学习,圣诞老人就不会把礼物送给他。"

听完这些,儿子若有所思地问我:"从今天开始到以后,我都认真学习,可以得到礼物吗?"

"当然可以了,不过要说到做到才行呀。"接着我又神秘地问他,"你最想得到什么礼物呀?"

"'奥特曼'书。"儿子在我耳边小声地说。

于是,中午我悄悄买了儿子最喜欢的那套《奥特曼》藏在他的被子下面。

晚饭儿子吃得出其的快,吃完饭我又故意带他到楼下的小公园里去散步。等我们上楼后,儿子迫不及待地在他的小房间里转了一圈,然后很失望地对我说:"妈妈,刚才我们出去了,圣诞爷爷进不来,所以没有给我送礼物。"

我赶紧安慰他说:"圣诞爷爷会飞的,你再找找看。还可能他会等你睡着了再来呢？"

儿子还是有点失望地说："那我就睡吧。"他脱掉外衣，爬到床上。当他掀开被子时，突然发出狂喜的哈哈大笑，掀开一点，一本，再掀开一点，又是一本，一共是6本。

儿子长这么大，我从未看过他这样哈哈哈地傻笑过，这笑里有意外的惊喜，但更多的是被圣诞老人承认、喜欢、惦记的幸福。

妈妈小小的创意，就能给孩子带来巨大的快乐，这同样是妈妈与孩子沟通的一种渠道——与孩子做游戏。随着孩子年龄的增长，他一定会明白，世上根本没有什么圣诞老人，更不会给小朋友送礼物，但是，那时他更能体会到妈妈对他的那份爱。

在游戏中与孩子沟通，是父母与孩子达成美好沟通的有效渠道。孩子天性就喜欢游戏，他们需要在游戏中找到快乐。因此，父母可以经常组织一些有趣的游戏与孩子进行沟通，如"成语接龙"、"智力抢答"、"集体做饭"、"转换角色"等游戏。

通过这些游戏，父母既可与孩子成为搭档，增进亲子之间的感情，又可与孩子成为伙伴，有效地进行沟通。

专家给您支招

世上没有不听话的孩子，只有不会沟通的父母。父母与孩子沟通的渠道是多种多样的，只要父母用心，一个小小的沟通细节就会让孩子彻底改变。

1. 用日记来教育"坏"孩子

用信件与孩子交流，往往是用对话的语气来表述；而日记则可以客观地描述事情和自己的心情。因此，与信件相比，日记的叙述语气更客观一些。当孩子从第三者的角度来看问题时，会更加冷静地反思自己，认真考虑父母的意见。

小林的妈妈从小林很小的时候就开始记教育日记，并一直保持着把自己的日记与孩子的日记交换阅读的习惯。

　　有一次,妈妈发现小林经常看一些黄色小说,便在教子日记中这样写道:

　　"无意之间看到儿子看黄色小说,我才意识到,孩子长大了,他有了更多的需求。同时,我也在反思,是不是自己的教育出了问题,儿子要通过这种方式来获得性知识呢?其实,性知识是一种科学,性需要是一种正常的需求,但是,我却不敢面对面地告诉儿子,也许是中国人的传统文化约束了我的思想和行为吧!但是,儿子需要健康的性教育,这样儿子才不会误入歧途。所以,明天,我要买一本《青春期男生》给儿子看。"

　　第二天,小林看了妈妈的日记,在自己的日记里这样写道:"本来,我以为性是一种肮脏不堪的东西。但是,我的内心却很想了解这些东西,于是,我瞒着妈妈偷偷地看黄色小说。我很害怕妈妈知道了会责怪我,心里总是七上八下的。但是,妈妈不是这样想的,我的想法也改变了。尤其是看了妈妈给我买的书之后,我才发现自己的思想是多么的肤浅。我决定以后要听妈妈的话,不再碰黄色小说了。"

　　当父母客观地描述孩子的问题时,孩子也会冷静地思考自己的问题,这样的沟通是理性的、有效的,能真正地解决问题。

2. 用信件表达对孩子的爱

　　在教育孩子的过程中,父母常常会遇到这样的情况:自己有一肚子话要对孩子讲,却又不知道应该从哪里说起。尤其是遇到一些比较敏感的问题,更是不知道该不该对孩子说,怎么对孩子说。

　　比如,当与孩子发生矛盾时,很多父母不习惯向孩子做表面的屈服,放不下面子与孩子平等地沟通,这时,写信不失为一个好办法。父母可以在信里告诉孩子自己的真实想法,告诉他为什么要批评他,并告诉他父母永远爱他。当孩子读到这样一封信,一定能够感受到父母对他的爱,同时会理解父母的良苦用心。

　　一位妈妈发现儿子写字的姿势很差,眼睛离书面最多10公分,而且写作业的速度很慢，每天晚上将近11点才能把作业做完。这位妈妈很严肃地与儿子谈了谈这件事，最后语气过硬，惹得儿子伤心地哭了起来。

第二天，儿子没和妈妈说话便去上学了。这位妈妈很着急，于是给儿子写了一封道歉的信。当儿子接到信时，刚看一眼就跑过去把妈妈抱住，很激动地对妈妈说："妈妈，你真好，你把我当成平等的人了。"

当儿子抱住妈妈那一刻，母子间的所有怨恨都烟消云散了，妈妈不得不承认那封小小信件的神奇力量。

3. 不要忽视小纸条的作用

有的父母不善于用语言来表达自己的感情，特别是孩子到了十几岁，父母更不容易和他进行面对面的交流，这时不妨试试用写纸条的方式。

由于工作的关系，晨晨的妈妈总是不能辅导、监督他做作业。为此，她经常在儿子的课桌上放一个小纸条，纸条的内容一般为："亲爱的儿子，妈妈为你准备了复习的单词内容，写完作业后要复习，妈妈在和你一起努力。爱你！"

每天都是差不多相同的内容，但是妈妈却很会变换形式。有时在纸上画个笑脸，有时给纸条画个花边，每天都会给晨晨一个惊喜。晨晨经常会自豪地对同学说："看着妈妈的纸条，就好像妈妈在陪我写作业一样，每天写作业之前看看妈妈的纸条已经成了我的习惯。"

写给孩子的字条，既可以对孩子进行表扬鼓励，也可以对孩子进行批评教育，有理有节的书面文字与暴风骤雨般的训斥相比，孩子更容易接受前者。

千万不要小看这小小纸条的作用，它可以有效引导孩子按照父母的想法去做。有时，它比父母唠叨百遍的叮嘱要有用得多。

谈话时要用商量的语气

孩子都有强烈的自尊心。当父母想让孩子去做某件事情时，应该多用商量的语气，让他明白，他跟你是平等的，你是尊重他的。

比如，你想要孩子把地上乱丢的玩具收拾整理一下，可以这么说："宝宝，玩具乱丢，多不好的习惯啊，你跟妈妈一起把玩具收拾一下好吗？"千万不要用命令的语气："你怎么搞的，玩具乱丢，快点去收拾好！"否则，孩子听你责备，心里就会产生反感，即使按你的要求去做了，心里也是不开心的。

商量的魅力在于，使孩子学会从父母的角度思考问题。两代人之间的沟通，最重要的是相互理解、相互尊重。而实现相互理解、相互尊重的方法就是学会商量。

商量能够让人感觉到受尊重。根据马斯洛的需要层次理论，受尊重的需要是人类较高层次的需要。一旦这种需要无法获得满足，人就会产生沮丧、失落等负面情绪。

孩子也是如此，也有受尊重的需要。如果父母平时喜欢与孩子商量，孩子就会非常乐意与父母交流，反之，孩子则会产生逆反心理，封闭自我。

学会与孩子商量，还要注意一点，那就是对孩子提出的要求，如果不能满足或不应满足时，父母不应粗鲁而简单地拒绝：不行！不准你去！或者在父母提出要求，孩子不同意时，也不应简单地采用命令方式：这事已经决定了！

父母学会与孩子共同商量，既可以增加相互的理解，也可以避免家庭中一些无谓的争吵；更重要的是，它可以教会孩子在社会上怎样做人及与人共事。

随着年龄的增长，孩子在喜好和兴趣，甚至交友诸方面看法都会与父母有分歧。这时父母对孩子的一些喜爱与兴趣绝不能简单地禁止，而应在充分尊重的前提下与孩子商量，以求得共识或找出正确解决的途径。

杨帆是一个喜欢与孩子协商的父亲，对此，他非常自豪，曾经在日记里写道：

儿子小的时候，爱拉着我的胳膊走路，后来长大了，习惯搭着我的肩膀走路。他有时叫我爸爸，有时不经意便直呼其名，与父母如朋友般的亲密令观者很是羡慕。

儿子好像从没撒过谎，因为他不必撒谎，在家里可以无话不谈，就算说得不好，也不会受到指责。我习惯和儿子商量他的事以及家里的大小事情。我们经常坐在一起聊天，而且我们的观点竟是惊人的接近，很少有相左的时候。

"商量"这个词，在父子之间的使用率一般是不高的，但我们却将其当作准则。面对任何事情，我不端父亲的架子，他不使独生子的性子，商量的格局便形成了，还在孩子很小的时候，便约定俗成。比如，他看中了一个玩具，我觉得不妥，便和他商量可不可以不要，强压他可不服，糊弄缺乏诚信，商量是最佳途径，他一般能接受，欢天喜地地放弃初衷。

儿子似乎没有瞒着我的内心秘密。他念高中的时候，有女孩子给他递求爱条子的事都愿意对我讲。正因为有这样宽松的环境，我的一些观点便可以渗透到他的判断中，他才不至于在个人情感生活中出现大的波折。

我家里的所有抽屉都没有锁，儿子可以翻着任何东西，可以随便拿到钱。他很小就尽知家底，我也不对他保密。信任是家庭宽松环境的重要因素。

我内心的不快也愿意向儿子透露，我拿不定主意的事情乐于征求他的意见，他还小的时候我便将诸如选择购房这样重大的事情和他商量。

喜欢与孩子商量的父母是民主的父母。在这样的家庭氛围中，孩子渐渐会养成民主的习惯，愿意主动与父母进行沟通，这样的亲子关系是非常令人羡慕的。

专家给您支招

父母要学会与孩子商量，将自己的意见耐心地传达给孩子，让孩子自己去思考判断，然后再决定具体行动。当然，商量不是简单的迁就，更不要演化成争吵，而应与孩子站在同一高度进行对话、沟通、相互了解，最终达成一致意见或办法，这也是了解孩子心理的最佳方法。

具体来说，父母应该怎样运用商量来促进亲子关系呢？

1. 多些商量，少些命令

商量的语气对孩子来说非常重要，孩子会认为你尊重他，关心他的感受，从而对你产生好感和信任，促进亲子沟通。因此，不管什么事情，尤其是涉及孩子的事情，或是要求孩子做什么事情，父母都不要自作主张，一定要用商量的口吻，而不要用命令的口吻，以此取得孩子的同意和认同。

2. 以商量的口吻处理亲子冲突

当亲子关系出现冲突时，父母总是不愿意自己的权威受到挑战，希望以父母的权威来压制孩子，使孩子改变主意。实际上，这样做孩子不仅不会听从父母的意见，反而会产生逆反心理，恶化亲子关系。

冲突产生时，每个人都非常注重自己的尊严，不希望被他人压制，孩子也是如此。只有父母放下架子，把孩子当成平等的人来看待，与孩子进行商量，让孩子体验到父母的尊重，体验到人格的平等，孩子才会愿意接受父母的建议，共同解决问题。

3. 孩子的事情一定要与孩子商量

随着孩子的不断成长，孩子的事情一定要放手让孩子自己去选择，父母不可替孩子包办，即使父母有自己的想法，也要通过商量的方式，把自己的意见传达给孩子，让孩子权衡利弊后再做出选择。

毕竟，许多事情都需要孩子付出努力才能实现。如果父母忽视了孩子的主观能动性，一味地用父母的威严来压制孩子，孩子即使口头上同意了，内心也无法产生努力的动力，在这种情况下，孩子已经感觉简直就是受罪，怎么还可能与父母和睦共处呢？

因此，一定要把孩子的事情交给孩子自己处理，父母的意见只能通过建议或者商量的方式传达给孩子，帮助孩子全面地认识问题。

4. 和孩子约法三章

对于孩子的问题，尤其是孩子的不良行为，父母一定要与孩子商量，共同制定规则，并约法三章，使孩子遵守。千万不可自作主张制定规则让孩子遵守，这对孩子来说没有什么约束意义。

与孩子约法三章，仅仅是因为孩子缺乏自制力，规则是帮助孩子约束自己的，而不是惩罚孩子的，父母一定要意识到这一点。因此，规则一定要是孩子内心认可的，以免产生亲子冲突。

总之，父母凡事与孩子商量，不仅可以增加相互之间的理解，避免许多无谓的争吵，而且还能教会孩子为人处世，促进孩子健康成长。

沟通的时间地点有讲究

为了不损伤孩子的自尊心和身心健康,并使后续的学习和活动不受到干扰和影响,父母在与孩子沟通的时候,一定要讲究方法技巧,更要讲究沟通时机,决不可不分场合不分地点地责骂孩子,那样不仅不利于事情的解决,还会严重伤害孩子的自尊心与自信心,使孩子产生逆反心理,不利于亲子关系的建立。

例如,某中学初一年级的两个男孩,在校门前逗留,门卫老大爷看见一个女孩从街上走来,向其中的一个男孩要钱,这个男孩二话没说,掏钱给了女孩后各自离去。门卫大爷感到有问题,立即告诉了学校,通知了家长。一了解,原来这个男孩跟校外一女孩"要好",常给她钱花,可父母对此还蒙在鼓里。

上述事例就是亲子之间缺少良性沟通造成的。男孩的父母没有关注孩子的情绪变化,与孩子进行主动沟通,从而造成了亲子沟通的不畅。因此,不论多忙,父母都不可忽视孩子的心绪变化,发现孩子有异常就要主动与其沟通。当孩子有了某种过错或不良行为时,父母要及时对孩子进行教育指正。不过,孩子吃饭时、上学前、就寝前、熟睡中、与同伴一起玩或亲友在场时,都不宜对孩子进行批评教育,以免损伤他的自尊心。

美国心理医学博士马文·西尔沃曼对此提出了5条意见,即在下列5种情形下不宜对孩子批评教育:

1. 当孩子同你讨论某种个人问题的时候；
2. 当孩子看上去非常激动而又没有说到底是怎么回事的时候；
3. 当孩子为某件事而兴高采烈的时候；
4. 当孩子要人帮助他做出决定的时候；
5. 当父母想让孩子解释或同自己讨论某件事的时候。

父母还要注意以下几点：

1. 在父母心情不佳、过于疲劳或工作中遇到棘手问题必须尽快处理等情况下，不要谈论孩子的过错等问题，以避免情绪过激，出现偏差行为。

2. 对孩子一些较严重的问题，如偷窃、欺骗、早恋、逃学等，父母要有一个全面了解、考虑的时间，给孩子一个认真思过、准备接受教育的时间。一旦教育开始就不能拖拉，要集中时间和精力，力求把问题解决得妥善些。

3. 坚持"单兵教练"与"回避政策"。教育孩子时要根据具体情况来决定是由父亲还是母亲出面，或一起出面，但不论哪种情形，都要避开其他人。

沟通须打破双方的障碍

语言是亲子沟通中最常用的一种方式。但在生活中，很多父母发现，与孩子讲话时，他不是心不在焉，就是左耳进，右耳出，甚至会嫌父母讲话太烦，干脆捂起耳朵来不听。

父母教育孩子，都是为了孩子好，那么孩子为什么就是不领情呢？我们来看看现实生活中父母对孩子讲话的姿态吧。

期末考试结束后，小刚一进门就把考卷往地上一扔，摔门进房了。妈妈拿起地上的卷子一看，58分，火马上冒起来了，对着小刚房间的门大声喊道："自己没考好，还敢发脾气，是不是又欠揍了？"

妈妈刚出差回来，却忘了给博文买礼物，博文知道后，生气地说："妈妈最坏了,我以后再也不理你了!"妈妈也火大地回答说:"不就是没给你买礼物吗,学习上怎么没看你这样用心呀?"

这是生活中我们经常会见到的场景,孩子情绪不好时,父母马上摆出一副家长的气势,指责、恐吓,甚至打骂孩子。

父母这样做会出现什么样的后果呢?除了使自己与孩子之间的沟通障碍越来越多之外,孩子会故意躲着父母。

其实,如果父母说话讲究技巧,不仅能够达到自己想要达到的目的,孩子也能认真地听下去,并且很高兴地接受。

周六的早上,莫言要去上书法课,但他怎么也不想起床,还把被子一蒙,不耐烦地说:"哎呀,少去一天能怎样嘛,我要睡觉,不去了!"

这时,聪明的妈妈坐在莫言的床边,耐心地说:"不起床的话,我刚买的蛋糕你就没法吃了;而且下周还要补这周的书法课,下周去游乐场的计划就泡汤了,真遗憾。"

这时,莫言慢慢地把小脑袋从被窝里露出来,不好意思地说:"妈妈,我马上就起床。"

专家给您支招

如果孩子总是听不进父母的话,父母首先要检查一下自己的说话方式,掌握一些与孩子沟通的技巧。事实上,只要父母掌握了说话的技巧,任何孩子都会成为听话的孩子。

1. 与孩子沟通前要有热身动作

一位妈妈很迷茫地对儿童心理学家说:"老师,你帮帮我吧!我很明白与孩子沟通的重要性,总想找机会与孩子好好聊聊,可是效果很不理想。"

"那您是怎样做的呢?"儿童心理学家问。

"比如说他在沙发上看电视,我就过去坐下来跟他说,儿子,能不能跟妈妈说说你在想些什么呀?儿子很奇怪地看着我说:'妈妈,你好怪呀!'之后就不再理我,继续看他的电视。"

心理学家笑着说:"您的想法很好,只是在与孩子沟通之前少了一个动作,这个动作就叫做'热身'。"

有人会觉得可笑:"刘翔跑百米之前需要热身,与孩子沟通难道还需要'热身'吗?"

事实上,与孩子沟通之前不但需要"热身",而且这个"热身"非常必要。很多父母都是带着诚意去和孩子沟通的,但却很难见效,原因就是孩子对父母直切主题感到很怪异。另外,有些父母喜欢以质问作为与孩子沟通的开场白,这更是错误的,它会使孩子的自我防御机制立即启动,接下来无论父母再说什么,在孩子听来,都成了恶意的批评。

因此,父母与孩子沟通时,要有谈话的预热动作,等到彼此间建立了值得信赖的谈话氛围之后,再开始谈话的主题。

2. 与孩子对话时不说"但是"

在父母与孩子的对话中,我们常会见到这样的情形:

孩子对妈妈说:"妈,你周末带我去游乐场玩吧!"

妈妈回答道:"我知道你周日休息,很想去玩……"

话听到这里,孩子的脸上露出充满期待的笑容。不料妈妈话锋一转,说:"但是,这周末你得在家学习。"

孩子刚刚还兴高采烈的小脸,马上变得暗淡无光了……

只是简单的两个字,却让孩子的脸色由晴转阴,"但是"的威力真的有这么大吗?答案是肯定的。在心理学上,有个很重要的避免亲子冲突的原则,就是:不说"但是"法。

有些父母确实花了心思去欣赏自己的孩子,然而"但是"二字却将他们的欣赏一网打尽。比如,妈妈这样对孩子说:"想和同学们一起做游戏是好事,但是现在应该以学习为重。"孩子对此的理解是:"除了学习,一切免谈!"于是,妈妈前面对孩子的欣赏就全被抹杀了。

那么,妈妈怎样说,孩子才愿意听,更乐意接受呢?那就是把"但是"

换成"如果……会更好"。比如说:"想和同学们一起做游戏是好事,如果你能先把作业做完,那就更好了。"妈妈这样说,孩子就不会误解了,而且还会按照妈妈的要求去做,先做完作业,再去找同学玩。

蹲下身子与男孩谈谈心

无论大人小孩,都希望有机会谈心——表达自己的内在感受,分享快乐、分担烦恼;积极和消极的都表现出来,并且只有当察觉到对方这个聆听者能真正了解自己的想法时,才听得进对方的话。所以,父母作为倾听者,给予孩子的关注、尊重、空间与时间,是给孩子最有效的帮助,让孩子通过言语来表达内心的感受。

众所周知,男孩不像女孩那样,一有什么好玩的事情就马上告诉父母,有什么委屈也马上向父母倾诉,所以,男孩的父母任务更加艰巨,不仅要关注孩子身体的成长,还要引导他把内心的情感发泄出来,让他的心灵也健康成长。

那么,应该如何引导,孩子才愿意向父母倾诉呢?

一位教育学家说过:"一旦孩子出现比较严重的问题时,父母就需要与孩子谈心,从心理、情感的角度来帮助孩子。"

对于需要把内心情感发泄出来的男孩来说,与他谈心是很好的策略。但很多父母永远都是一副高高在上的姿态,甚至连与孩子谈心都采取高压政策。

一位男孩曾苦恼地说:"每次与妈妈之间有矛盾时,妈妈最爱说的一句话就是:'你以为你很了不起吗?你以为你的学习成绩很好吗?'每当听到这句话,我都觉得受不了。"

是的,如果父母一直用这种姿态对待不善表达的男孩,不要说与他谈心,甚至连最基本的沟通都达不到,对男孩心灵的健康成长、对亲子关系,也会有很大的影响。

也许在父母眼中，孩子无论多大，永远都是孩子。但很多孩子，尤其是男孩，在十几岁甚至更早的时候就愿意父母把他当做大人来看待。这时父母完全可以用成人的谈话方式与他讨论问题，而不是采用"家长式"的谈话方式。

一个教育学家问一个与爸爸相处很好的男孩："你最喜欢你父亲的什么地方？"男孩马上回答："风趣甚至疯狂，没有架子，就像我的朋友、伙伴，让我有许多话都愿意和他说。"

由此可见，父母要想走进孩子的内心世界，与孩子轻松愉快地谈心，必须先把自己的姿态摆正。

很多父母认为，与男孩交流不如与女孩交流简单，与男孩谈心更会难上加难。其实，不必有这样的畏难心理，只要父母摆正姿态，再掌握好与男孩谈心的时机，让男孩说出他的心里话并没有那么难。

1. 让孩子放下戒备心理

父母与孩子聊天、谈心时，孩子常常会有很强的防御戒备心理。这就要求父母采取措施，使孩子放下戒备心理，谈心才能起到成效。

如果父母用"我们来谈谈吧"作为与孩子谈心的开端，会使孩子想："又来给我上政治课了。"如果父母用这样的态度教育孩子："你真是个糊涂虫"、"看我怎么教育你"……这样，孩子只能层层设防了。

因此，当孩子与父母的对立情绪较大时，父母可采取"冷处理"的方法，暂时延缓谈话，或者采用"曲线交谈"的方法，从别的事入手，使男孩放下戒备心理，让谈心更为顺利地进行。

对此，父母要有足够的耐心。所谓欲速则不达，操之过急反而会使孩子感觉父母想要控制他，因而对父母敬而远之，同样也达不到预期的效果。

2. 把握与孩子谈心的时机

谈心不同于普通的谈话，它需要孩子认真倾听，并仔细理解父母的话，努力做到父母提到的要求及希望的结果。因此，当孩子正专注地做作业或做游戏时，父母不要和他谈心。这样往往会使孩子产生厌烦心理，即使在父母的要求下坐下来听父母说话，他的心思也根本不在这上面。

那么，父母与孩子谈心的良好时机有哪些呢？

一般来说，家长会之后是孩子最急于和父母谈话的时候，抓住这个机会，可以了解孩子的很多情况。

一位上五年级的小男孩，平时对自己的学习不够重视，期中考试成绩很差。家长会后，他怀着忐忑不安的心情，等待妈妈的训话。但妈妈回来后，并没有大声训斥他，而是亲切地对他说："家长会上我感到很难为情，可能是我平时对你关心太少了。妈妈只希望你找出失败的原因，期末考试为我争一口气。"

男孩听了妈妈的这些话，有点受宠若惊，他向妈妈坦诚地汇报了自己懒惰、贪玩的行为，并表示今后一定要改正这些坏习惯，把学习成绩赶上去。

另外，父母与孩子谈心的时机还有：当孩子遇到困难时；当孩子取得成绩时；当孩子遭遇失败时；当孩子表现出不良行为时；当孩子心情不错时。

3. 当孩子有不良行为时与他谈心

随着孩子的成长，他可能会出现很多不良的行为，如任性、自私、嫉妒、自卑等。当孩子的这些不良习惯初露端倪时，父母及时地与他谈心，不仅有利于他尽快改正这些坏毛病，还可以使亲子关系更加深入。

一位妈妈送正上小学的儿子上学。路上，妈妈不小心踩到了儿子刚穿上的新鞋，儿子马上不乐意了，照着妈妈的小腿就是一脚，妈妈的裤子上马上就出现一个小脚丫的痕迹。妈妈很生气，照着儿子的小屁股啪啪打了几下。儿子很委屈，站在路边哭了起来。妈妈没理他，自己朝前走。

不过，妈妈马上又后悔了，担心儿子因为这几巴掌一天都无法专心学习。于是，她又走回去，领着儿子慢慢朝前走，边走边聊。

"你在学校也是这样对待同学的吗？"妈妈的语气还有点生气。

"不是，这是我的新鞋子，第一天穿就被你踩得上面都是泥巴。"儿子委屈地说。

"那你也不能踢妈妈呀。这样的孩子是好孩子吗？"

儿子低着头不说话。

"当然，妈妈也不对，不应该打你，妈妈跟你说对不起。"妈妈的语气有点缓和了，"但我问你，要是有同学不小心踩到你，你会踢他吗？"

"不会。"

"那你会怎么办？"

"告诉老师。"

"然后呢？"

"让他对我说'对不起'。"

"再然后呢？"

"再然后我就说'没关系…'"

妈妈被可爱的儿子逗乐了，笑着问他："要是他不向你说'对不起'，你怎么办？"

儿子不知道怎么回答了。

妈妈替他回答："要是同学没有向你说'对不起'，你就冲他笑笑，他会觉得很不好意思，而且会很佩服你。你信吗？不信你下次就试试。"

父母在与孩子谈心时，千万不可喋喋不休地给他讲大道理，这样只会使他感到厌烦，从而更听不进去。上述事件中的妈妈是明智的，她没有给儿子讲什么大道理，告诉儿子做人要宽容，而是让儿子意识到自己的错误，并巧妙告诉他，下次遇到这种情况该怎么办。即使这个男孩没有从心里服妈妈，但下次遇到这种情况，他一定会试一试妈妈说的办法。当他尝到宽容别人给自己带来的快乐时，他就会自觉不自觉地把宽容当做自己做人的原则。

运用非语言沟通更有效

与女孩相比，男孩不善言辞，而且对语言的敏感度也没有女孩高。因此，父母在与男孩沟通时，非语言往往更能打动男孩。比如，当男孩取得成绩了，父母拍拍他的肩膀表扬他，比纯粹的语言表扬效果要好许多；当男孩犯了错误时，父母批评的眼神比批评的语言更能触动他……

儿童心理学家表示，非语言沟通是指运用恰当的目光、声调、动作等来与子女进行沟通。比如对孩子表示喜欢、赞许时，可抚摸孩子的头，拍拍孩子的肩，点头微笑，挑起大拇指等；对孩子表示不满时，沉默地向他直视一眼，或面部严肃等，都属于与孩子的非语言沟通。

现在很多父母常常忽视与孩子之间的非语言沟通，只顾一味地说教，有些调皮的男孩甚至称自己的父母为"唠叨老爸"、"唠叨老妈"。也有的父母运用非语言信息不当，如经常对孩子发脾气、拍桌子、摔东西等，因而阻碍了亲子间的沟通，破坏了亲子关系。

对于不善言辞的男孩来说，非语言沟通更为重要。尤其是在具体的环境中，非语言沟通往往表达了特定的含义。

比如，男孩做出了自认为很自豪的事情，希望得到父母的认可，这时，如果父母单纯用语言与孩子沟通，告诉孩子："儿子，你真棒，我们因为你而骄傲！"孩子也会很高兴，但是这种高兴劲也许没过多久就忘了；如果父母运用非语言与孩子沟通，微笑着走到孩子面前，分别给他一个拥抱，然后再对他说："儿子，我们因为你而骄傲。"这样，孩子也许永远也不会忘记父母对他的赏识和鼓励。

再如，当父母发现年幼的儿子正跃跃欲试地想爬上阶梯的时候，用微笑的眼神看着孩子，同时在安全范围内不去帮助他，让他自己登上去。当儿子登上那个阶梯后，父母再对他笑笑，这时，儿子就会在父母的微笑中读到鼓励和支持。

在日常生活中，父母要多用一些非语言的方式与孩子进行情感交流。

1. 用微笑和点头肯定孩子

一个5岁的小男孩正在餐桌上吃饭，他很想自己夹菜，于是拿起筷子，用征求的眼光望着妈妈。这时，妈妈微笑着向孩子点了点头，小男孩高兴地夹了一口菜，津津有味地吃了起来。

点头给予孩子的是一种认可和鼓励。当孩子取得成绩后，父母可以用点头鼓励、称赞孩子，这样，孩子就会充满信心，并努力做到更好。

2. 孩子遇到困难时，拍拍他的肩膀

父母拍拍孩子的肩膀，是表示对孩子的肯定和鼓励。尤其是孩子遇到困难时，父母拍拍他的肩膀，不仅能够使他对父母产生一种信任，还会给予他无穷的勇气和力量，让他去战胜困难。无论孩子是高兴还是伤心、是兴奋还是沮丧，父母拍拍他的肩膀，都能拉近与他的距离。

3. 让拥抱陪孩子长大

心理学研究表明，人都有一定程度的"皮肤饥饿感"，在父母与孩子的众多接触中，以抱着孩子和搂着孩子的肩膀最能使孩子产生强烈的幸福感和安全感。

一位妈妈在孩子很小的时候就坚持每天拥抱孩子3次，现在她的孩子上六年级了，从来没有和妈妈闹过矛盾。

早上，当孩子醒来时，这位妈妈会张开双臂抱抱孩子，并亲切地对他说："亲爱的儿子，你是如此招人喜欢，新的一天到来了，让妈妈抱抱吧！"

孩子放学回家，妈妈会放下手中的家务，抱抱孩子，并热情地对他说："今天又学习了一天，告诉妈妈，你今天学到了什么呀？"

晚上睡觉以前，这位妈妈会温柔地抱抱孩子，并对他说："来，让妈妈的拥抱陪你入睡！"

在父母的拥抱中长大的孩子，因为能够时刻感受到父母对他的爱，所以和父母的感情一般很好。另外，能够经常得到父母拥抱的孩子心理是健康的，总会以自信、乐观的态度去面对生活中的一切。

第十章　重视男孩的挫折教育

没有人生来就具备应对挫折的能力，对于男孩来说，能否正确应对挫折，主要看后天对他的培养。父母不可能一辈子替孩子遮风挡雨，为了让孩子羽翼丰满后更好地飞翔，父母应该从小注意对男孩进行挫折教育，使他拥有一颗强大的内心，不畏惧任何困难，勇往直前，在天空中留下最美的痕迹。

男孩切不可娇生惯养

父母爱孩子的方式有很多,尽管出发点是一样的,但造就的结果却不相同。有的爱可以让孩子获得心理满足,有的爱可以让孩子明确成长的方向,有的爱能锻炼孩子的能力,帮助孩子走向成熟,而有的爱不但不利于孩子,还可能阻碍孩子的发展。

学校通知学生打扫卫生,结果学生们没有来,来的是成群结队的家长,只见孩子的妈妈、爷爷、奶奶,手上拿着扫帚、抹布和铁锹来学校参加校务劳动——因为怕孩子累着,他们居然亲自出马了。

有人问一位年轻的妈妈:"你的孩子在家做家务吗?"那位妈妈毫不含糊地回答:"疼还疼不过来呢,哪舍得让他做家务?"

溺爱至此,孩子如何成长?过分的关心溺爱,实际上剥夺了孩子遭受适当挫折、困难和学习爱护别人的权利,这样的孩子从小只会享受,长大后容易形成人格方面的缺失,变得自私、脆弱。

爱子之心,人皆有之,爱孩子是没有错的,但只有爱是远远不够的,若想孩子未来有所成就,还得会教育孩子。前苏联作家高尔基说:"爱护子女,这是母鸡都会做的事,然而会教育子女,这就是一件伟大的事业了……"显然,教育孩子和爱孩子是不能画等号的,要教育好孩子,首先必须杜绝溺爱、娇惯孩子的行为。

娇子如害子!心理学家发现,有些男青年表现出过分软弱、遇事手足无措等症状,他们普遍存在矛盾、犹豫、无助、适应社会困难等问题。当心理学家深入了解其家庭背景后,发现这些青年都有类似的生活经历——受到过多的关注和保护。如此看来,溺爱孩子实在是一种短视的行为。

从男孩的长远发展来看,让男孩多一些磨炼,对男孩严厉一点,显然要比溺爱、娇惯男孩要好得多。

男孩不仅要刻苦学习，还要磨炼自己的意志。因为要想成就一番事业，就要有一种勇于献身的精神。在生活中多吃一些苦，磨炼一下自己，未尝不是一件好事。一个人不仅要享受生活中的快乐，也应该体味现实中的痛苦，这样才能得到锻炼，心理才会逐渐成熟。若只会享福，不能受苦，这样的孩子会始终长不大，更不可能立足于社会。

专家给您支招

对男孩严格一点，让男孩得到锻炼，并不是说爱孩子就不必要了。事实上，在教育孩子的过程中，最好采取爱和严格相结合的方式。

俗话说，"爱孩子爱在心里"。有些父母生怕孩子受到委屈，一咳嗽就让孩子住医院，孩子碰到一点困难，他们比孩子还着急。这样一来，大人的焦虑情绪和消极的言行就会不知不觉影响孩子，久而久之弄得孩子也很敏感，稍微有一点小毛病，就这不舒服，那不舒服，一点也不能忍受，稍不顺心就不如意。长此以往，孩子又怎会不脆弱呢？

因此，教育孩子既要给予孩子适当的爱，又要严格要求，不娇不惯不溺爱，更要舍得让孩子到艰苦的生活环境中去磨炼，才能使孩子的心智与能力得到全面发展。

每个男孩都需要磨炼

孟子说:"天将降大任于斯人也,必先苦其心志,劳其筋骨,饿其体肤,空乏其身,行拂乱其所为,所以动心忍性,增益其所不能。"意思是说,一个人在成长过程中应该多经历一些风雨,才能更加坚强并懂得应对人生的起伏之道。这其实是一番教育启示,应该得到父母的重视。

缺乏磨炼的人是无法真正成长的。泡在蜜罐里的男孩,本身没什么不好,但他不可能永远被人捧着,他要长大,要走向社会。而社会是个大舞台,有晴空万里、风和日丽,也有狂风暴雨、雷电交加,如果连一点打击或磨难都经受不住,又怎么可能走好自己的人生之路、成为真正的男子汉呢?

作家罗兰在《罗兰小语》中写下了至理名言:"急于出头的,除了自寻烦恼之外,不会真正得到什么。像一粒种子,你要它长大,就必须先经过在泥土中挣扎的过程。不肯忍受被埋没的苦闷的话,暴露在空气中一个短时期之后,就会永远地完了。"所以,艰难险阻、挫折打击是一种教育资源,而经历磨难、面对困难更是必要的人生课程。

斯巴达是古希腊城邦,在斯巴达,孩子生下后,大人就教他忍受饥饿、寒冷等肉体折磨。大冷天,要孩子在房顶站立;炎热的夏天,训练孩子在阳光下奔跑、追逐、格斗。这种军事教育曾闻名一时,也使斯巴达人成为勇敢善战、骁勇剽悍的民族。

这种培养的重点在于,让孩子从小知道吃苦的滋味。而在吃苦这方面,现代孩子太缺乏了。很多孩子生活在丰衣足食的环境里,客观上就容易使孩子不坚强,因为困难的折磨正是锻炼坚强意志的必要条件。

在大自然中,我们可以看到一些"匪夷所思"的情形:母狮为了让小狮子增强生存的本领，主动把小狮子一次次推进深沟里，看着小狮子自己艰难地爬上来；老鹰为了让雏鹰学会飞翔，早早地把雏鹰从高高的巢里推出去，雏鹰如果不展翅飞翔，就会狠狠地摔在地面上。几次下来，雏鹰就会发现，只要自己展开翅膀，就不会摔疼——痛苦使雏鹰学会了飞翔。

孩子的成长也一样，少不了各种挫折的磨炼，更需要经过风雨的洗礼。自古以来便流传一副名言："宝剑锋从磨砺出，梅花香自苦寒来。"讲的就是这个道理。

有家大公司的老板，对儿子的培养可谓费尽心力。儿子大学毕业之后，希望去父亲的公司上班，但这位老板却另有打算：准备让儿子到另一家企业去做基层工作，让他在那里锻炼锻炼，吃吃苦头。他不想让儿子从一开始就和自己在一起，以免儿子产生依赖心理。

可是，儿子并不理解他的做法，一怒之下便去了国外。走之前，儿子当着他的面发誓，从此就不回来了。

每当谈到这里，他就微微一笑说："我想儿子回来，但是我必须狠下心来。"

后来，儿子回来了，带着新的理念和丰厚的投资。他见到自己的父亲后十分严肃地说："如果不是您的'狠'，也许我仅仅是一个老板的儿子，而现在我是一个真正的老板，有了自己的成功。谢谢您，亲爱的父亲。"

常言道："自古英雄多磨难，从来纨绔少伟男。"历史上成就大事的人，多是从磨难中崛起的。可以这么说，生活的磨难是上天赐给他们的人生财富，既成全了他们的品格，也成全了他们的事业。

专家给您支招

有道是：好男儿顶天立地，大丈夫敢作敢当。这是对男子汉的起码要求。要达到这一要求，就需要千锤百炼。因此，父母在教育孩子时，要让他学高山上的青松，经受风吹雨打，而不是成为温室里的花朵，失去坚强的人格。

1. 要舍得让孩子吃些苦

父母疼爱孩子是人之常情，但是不能因为疼爱孩子就一点苦也舍不得让孩子吃。在漫长的人生道路上，会有很多风雨，很多挫折，如果孩子没有吃过苦，遇到苦难的时候就会变成一个懦夫。因此，父母要舍得让孩子从小吃些苦，只有这样，孩子才能有成熟的心智去面对人生中的挑战和挫折。

2. 不要让孩子坐享其成

父母为孩子提供丰厚的物质基础以及事事都帮助孩子解决，会让孩子的奋斗能力一步步退化，相信没有哪个父母希望自己的孩子变成一个只知道吃喝玩乐的人，所以，父母一定要记住，无论自己多么富有，多么有能力，该让孩子自己做的事情就要让他自己去做，该让他吃苦的时候就应该让他吃苦。

面对挫折要坚持到底

胜利贵在坚持，要取得胜利就要坚持不懈地努力，饱尝多次的失败之后才能成功，即所谓的失败乃成功之母，也可以这样说，坚持就是胜利。

坚持，是一种不达目的誓不罢休的精神，是一种高瞻远瞩的眼光和胸怀。它不是蛮干，不是赌徒的"孤注一掷"，而是在通览全局和预测未来后的明智抉择，更是对人生充满希望的一种乐观态度。

丘吉尔说过："成功的秘诀就是，坚持，坚持，再坚持！"世上所有的成功，都归结于再坚持一下的努力。

正如龟兔赛跑，兔子腿长跑起来比乌龟快得多，按理应该是兔子赢得这场比赛才对，然而结果恰恰相反，乌龟赢得了这场比赛，为什么呢？这是因为兔子不坚持到底，它自认为腿长，跑得快，跑了一会儿就在路边睡大觉，以为稳操胜券,而乌龟则不同,它没有因为自己的腿短,爬得慢而气馁,而是锲而不舍地坚持爬到底。坚持就是胜利,它赢了。

巴雷尼小时候因病成了残疾,妈妈心如刀绞,但她还是强忍住自己的悲痛。她想,孩子现在最需要的是鼓励和帮助,而不是妈妈的眼泪。于是,她来到巴雷尼的病床前,拉着他的手说:"孩子,妈妈相信你是个有志气的人,希望你能用自己的双腿,在人生的道路上勇敢地走下去!好巴雷尼,你能够答应妈妈吗?"

妈妈的话,像铁锤一样撞击着巴雷尼的心扉,他"哇"地一声扑到妈妈怀里大哭起来。

从那以后,妈妈只要一有空,就帮巴雷尼练习走路,做体操,常常累得满头大汗。有一次,妈妈得了重感冒,她想,做母亲的不仅要言传,还要身教。尽管发着高烧,她还是下床按计划帮助巴雷尼练习走路。黄豆般的汗水从妈妈脸上淌下来,她用干毛巾擦擦,咬紧牙关,硬是帮巴雷尼完成了当天的锻炼计划。

体育锻炼弥补了残疾给巴雷尼带来的不便。母亲的榜样作用,更是深深地教育了巴雷尼,他终于经受住了命运给予自己的严酷打击。他刻苦学习,学习成绩一直在班上名列前茅。最后,他以优异的成绩考进了维也纳大学医学院。大学毕业后,巴雷尼以全部精力,致力于耳科神经学的研究,最后登上了诺贝尔生理学和医学奖的领奖台。

任何成功都需要坚持并付出努力才能获得。在完成一件艰巨的工作时,面对困难,一定不要放弃,因为坚持的下一步可能就是成功!

一个人若想把握住人生的航向,做自己的主人,必须具有坚持不懈的精神。所以,父母要从小教育孩子养成坚持不懈的精神,具体方法如下:

1. 鼓励孩子大胆尝试

父母应当从孩子小的时候就给他一定的空间,让他大胆尝试,并允许他在尝试中犯错以获得经验。值得注意的是，要把焦点放在尝试的过程和孩子付出的努力上，不要过分强求一个圆满的结果。同时，父母要经常表扬孩子，让他有机会认识自己的优点和长处，这样，当孩子遇到挫折时，就不会一蹶不振、轻言放弃了。

2. 告诉孩子坚持到底

有些事情常常是开始比较顺利，做得很好，但后来遇到困难了，可能就很难达到预期的目标。在这种情况下，父母要鼓励孩子千万不可轻易放弃、半途而废。一方面，因为坚持的过程也许能够使事情朝着好的方向发展；另一方面，即使结果仍不理想，努力把这件事情做完依然是一种成功，更为重要的是，孩子的意志力也能在这个过程中得到磨炼。

让男孩不被失败击倒

歌德曾经说过："流水在碰到抵触的地方，才把它的活力解放，人生就像洪水奔流，如果不碰到暗礁与岛屿，难以激起美丽的浪花。"失败是人生中必定要经历的事情，人人都无法避免，只有学会正视它，才能克服它，进而战胜它。

同样，男孩在成长的道路上也会遇到种种困难，经历无数次的失败。生活中，很多男孩也并不像他们所表现出来的那样坚强，当他们遭遇挫折和失败的时候，往往表现得很脆弱。一次失败很可能让他变得自卑，变得更在意别人的看法，甚至别人的一个表情都可以让他联想到很多不利于自己的事情，而且一旦他在心里形成对自己负面的评价，就会丧失努力的信心。这时，父母需要做的就是让孩子学会面对失败，用理性的态度看待失败。

要消除孩子面对失败的畏惧心理，首先要知道引发其畏惧的原因。孩子害怕失败的原因首先是不自信；其次是以往犯错误的经历对他影响很大，有时即使父母不会记得孩子以往犯错误的经历，他也很难原谅自己曾经犯下的错误。有些事虽然已经过去很长时间，却给他的心灵蒙上了阴影，他想重新塑造自己在别人心目中的形象，却又害怕自己的经历被别人提起。

因遭遇失败而变得自卑的孩子会对自己有过低的评价，为了避免自己的缺点再次暴露在别人面前，他通常会选择远离人群，孤立自己，而这样逃避的态度，只会让他的自卑心理越来越严重。由于过于在意别人的目光，往往使他意志薄弱，丧失自我。对此，父母要告诉孩子，只有学会正视自己的失败，才能保持旺盛的斗志，使自己变得强大，而失败后的自我封闭只会限制他的潜能，阻碍他能力的发挥。

美国心理学教授曾对此做过深入研究，提出三种模式的心态会造成人们的无助感，使人们失去奋斗的信念。第一种是把一时的失败看做永远挥之不去的阴影，这无疑是在时间上将痛苦延长，使自己身陷其中不能自拔；第二种是因为某一方面的失败，就认为自己在其他方面也不会成功，把困难无限地放大，这会将自己束缚在失败的阴影里而看不到未来的希望；最后一种是认为自己的能力不够，一味地否定自己，从而削弱了自己的斗志，使自己无法振作起来。

一个人面对失败所持的心态往往决定他一生的命运。遭遇失败是每个人的必经之路，只有把失败和挫折看成是成功和胜利的前奏曲，才能在跌倒之后爬起来，满怀信心地继续前进。

对于无法正视失败的孩子，父母应适时给予帮助。方法如下：

1. 鼓励孩子多交朋友

孩子对朋友的渴望很强烈，他需要朋友对自己的认同，所以父母应该鼓励孩子多和朋友交流，学会与他人相处，并学习朋友的长处。朋友的鼓励和支持，会让他走出自我封闭的状态。

2. 引导孩子发现自己的优点

父母应告诉孩子，世上没有完美的人，每个人都有缺点，都会遭遇失败。失败往往孕育着成功。面对失败和痛苦，难免会有些失望，但失望不应成为让他失去斗志的理由。不必把自己的优点缩小，也不必把自己的缺点放大。要学会接受自己的优点和缺点，正确地评价自己，欣赏自己，才能正视每一次成功和失败。

教男孩理性面对挫折

人生不如意事常八九。在现实生活中，确实难以事事如意，挫折总是伴随着我们，小至遭人讥讽、受到批评，大至考试落榜、恋爱失败、婚姻破裂、事业艰难等，在人生的旅途中，总免不了要遇到一些挫折。对于一个成年人来说，挫折可能不算什么，但对未成年的孩子就不一样了。为了避免孩子陷入挫折的阴影不能自拔，父母有必要让他知道如何面对挫折，这是一门十分重要的人生课程。

一家公司招聘职工，一位高材生前去应聘，结果出来后，见没有自己的名字，便跳河自杀，被人救起。后来有人发现他考的分数是第一名，抄分的时候抄漏了。高才生闻知自己是第一名便去报到，老板却无论如何也不肯聘用他，理由是："这么一点挫折便要跳河，到公司里遇到更大的挫折怎么办？"

另有一位希腊人到一家公司去应聘清洁工，职员问他："你会写字吗？"答："只会写自己的名字。"于是他没被录用。后来，他发愤图强，成了一位大富翁，在自己豪华的会议室里举行记者招待会。记者说："您的经历太动人了,您该写一本自传。"他说:"那是不可能的。如果我会写字,我只能是个清洁工。"

同样面对不被录取的挫折,一个悲观消极,一个乐观向上,结果截然不同。这说明一个人具备抗挫折能力是何等重要。有道是"人间没有不凋谢的花,世上没有不曲折的路"。父母要教育孩子理性地对待挫折,把挫折看做是前进道路上必经的关口,从而增强心理的韧性。

孩子遇到挫折,父母要让他懂得挫折是暂时的,"失败是成功之母",要经受挫折的考验,争取下一次的成功,而不是批评、指责孩子这不行那不对。

举个例子,考试成绩公布后,孩子成绩不好,在分析试卷时,你就要保持理智,考试失败已经对孩子造成了打击,如果你还批评一通,他的心里就会更加难受。

这时,你可以对他说:"孩子,不是你能力不行,也不是你不学习,更不是你不如别人,考得不好是因为你太粗心了,没有看清题目的意思,如果你可以细心一点,凭你的聪明是可以做出来的!"这样既有鼓励孩子的意思,同时也给他提了个醒,让他在今后的学习中找到方向,看到希望。

这样做,就是帮助孩子理性面对挫折,不仅能够让孩子重振旗鼓,增强他的自信心,还能够提高他的抗挫能力。

现在,很多父母为孩子营造了几乎一帆风顺的成长环境,包办了孩子的大部分事情,孩子很难经历挫折的考验,也就无法锻炼其承受挫折的能力。其实,通过挫折锻炼孩子,可以让他正视成败与输赢,磨砺孩子的心智,不失为教育良法。

1. 引导孩子多读一些伟人传记

名人传记读得多了,就会感觉到人生就是不断战胜困难、战胜挫折的过程。

和伟人比起来，我们遇到的困难和挫折实在算不了什么。伟人是在大海洋里与大风大浪搏斗，而我们的挫折则像在公园里划船时遇到一点小风浪。

2. 帮助孩子接受和承认失败

培养男孩，应该让他理性地面对挫折，坦然面对失败，乐观看待人生的起起伏伏。父母应该帮助孩子接受和承认自己的失败，在教育过程中别总是对孩子说"无所谓，慢慢来"，这会让孩子变得不求上进，正确的做法是鼓励他加油，战胜失败和挫折。

3. 引导孩子化挫折为前进的动力

当孩子在交往中遭遇挫折时，父母应引导孩子分析受挫的原因，从中吸取教训，并想办法克服困难。一旦孩子通过努力克服了困难，父母就应及时给予鼓励、肯定，使他体验到成功的喜悦，增强克服困难的信心。如果孩子独自克服不了困难，父母应给予适当的安慰，并提供一定的帮助，以免孩子过分紧张，影响身心健康。

4. 教导孩子端正应对挫折的态度

面对挫折的态度，往往是成败的关键。坚持还是退缩，是能否取得成功的决定因素。许多天资聪颖、颇具才能者之所以失败，就在于关键时刻放弃了，以致功亏一篑。父母应该告诉孩子：挫折并不可怕，遭遇挫折未必就是坏事，关键在于对待挫折的态度。

让男孩变得愈挫愈勇

人不可能一直处于顺境,生活中少不了挫折、失败和逆境,如果不能从挫折中振作,从失败中醒来,在逆境中拼搏,就不可能成就未来的精彩。只有愈挫愈勇的人,才能做到把"不可能"变成"可能"。

有的父母认为,幼小的孩子心理承受能力差,在挫折面前会感到痛苦和紧张,产生逃避、退缩心理并没有什么可奇怪的。这话固然没错,但如果孩子小时候不经历一些磨炼,又如何确知他未来能够突然拥有经受挫折的能力呢?事实证明,不让孩子遭受挫折的观念是极其错误的。

父母不仅不能阻止孩子经历挫折,相反,还应该支持孩子面对挫折,甚至制造一些挫折,让孩子在挫折面前愈挫愈勇。一个愈挫愈勇的男孩,一定会不惧失败,迎难而上,创造无限可能。

小勇读五年级了,特别喜欢打羽毛球,经常吹嘘他在学校没有对手。爸爸听到他自吹自擂,心想:不杀杀他的锐气,他可能会骄傲。

于是,一天下午小勇放学回家后,爸爸叫住他,递给他一个球拍,说:"我们来打一场。"小勇的爷爷做裁判。比赛开始后,爸爸三下五除二就赢了三局。这时,眼看败局已定的小勇有些着急了,怕输的耍起了小聪明,时不时使坏犯规,好不容易扳回一局。不过,最终爸爸还是赢了小勇。

当作为裁判的爷爷宣布小勇失败时,小勇扔下球拍,坐在地上大哭大闹起来。爷爷连忙过去,把他从地上拉起来,开始哄他,逗他乐,用各种好话维护他的自尊。

小勇的爸爸此时走了过来,摸了摸他的头说:"虽然爸爸赢了你,可是你敢于和爸爸这样的大人争胜负,即使输了也输得光荣啊!"

小勇听了,停止了哭泣。这时,爸爸又说:"你既然敢于和爸爸比赛,为什么不敢继续挑战爸爸呢?一次打输了就哭,这是男子汉吗?更何况跟高手过招,有利于锻炼你的球艺,难道你不想成为真正的高手吗?"

小勇听了这番话,擦干眼泪,看着爸爸的眼睛,说道:"那么,爸爸,你是否接受我的挑战呢?"

爸爸微微一笑,说:"当然,尽管放马过来!"

小勇一下子就笑了,说:"好,你等着吧,过不了多久,我就不会输给你了,等我再长大些,刻苦练习打球,向我们学校的教练学习,肯定能超过你的。"

在接下来的日子里,小勇放学完成老师布置的作业后,就去学校打球。他一次又一次地找爸爸比试,当然,也输了一次又一次,不过,他的心理承受能力也不断增强,已经能够静下心来总结经验,分析自己的弱点了。他的技术越来越好,后来还拿到了当地中学羽毛球联赛的冠军。

在成长的道路上,孩子不但要能够面对鲜花和掌声,还要能够从容面对来自生活、学习中的挫折和打击,并不断想办法克服。无论面对多大的困难,只要孩子有越压越强的精神,就一定能够从困境中挣脱出来,实现预定的目标。

专家给您支招

如果一个人认为自己行,他就能够完成"不可能完成的任务";倘若他认为自己不行,那就真的不行,因为他根本没有勇气面对困难,因此也就没有前进的可能,更不可能创造成功。所以,人生的可能与不可能,不在于外部困难的程度如何,而在于内心的态度如何。

父母若想让孩子把"不可能"变成"可能",就要锻炼孩子的抗挫能力,让他变得勇敢坚强,愈挫愈勇。清代中兴名臣曾国藩征伐太平军,曾经屡战屡败,但是他凭着一股愈挫愈勇的精神,最终赢得了胜利,笑到了最后。同样,如果孩子具备了"屡败屡战"的精神,获得成就只是迟早的事情。

直面挫折不放弃希望

遇到挫折时，每个人都会感到沮丧，这是难免的，但我们不能长久沉溺在失败的痛苦中，必须迅速振作，唯有如此，才能在挫折中看到希望的曙光。要知道，一次失败不代表次次失败，一次挫折也不意味着一切就不可能。在人生旅途上，只有能够从挫折中抬起头的人，才能找到希望，赢得最后的胜利。

法国作家巴尔扎克说："挫折就像一块石头，对弱者来说是绊脚石，让你却步不前，而对强者来说却是垫脚石，使你站得更高。"真正的男子汉不会在挫折中沉沦，也不会在失败面前低头，而是在窘境中寻找希望，把挫折和失败踩在脚下。

孩子在成长早期受一些挫折，是很有好处的。从小就知道什么叫"失败"，长大之后便能正确地看待失败；从小就在困难中摸爬滚打，长大之后才不会惧怕困难；从小便与挫折"较量"，不管结果如何，这种"较量"会让孩子的思维更活跃、应变更灵活、行动更敏捷……

当然，父母不能一味地把挫折、失败压在孩子身上，毕竟一个人的承受能力是有限的，因此，在孩子面对挫折的时候，父母有必要对他进行开导和鼓励，让他看到希望。

陈东的学习成绩一直不错，可是他考上重点中学之后，情绪变得低落起来，学习成绩也一天不如一天。

妈妈看到这个情况，便问他是不是遇到了什么问题，有什么心事。他没有立刻回答，而是反问道："妈妈，你说我是不是很笨啊？"

妈妈微笑着说："怎么了，为什么这么说？"

"入学的时候，老师让我们做了一套智商测试题，结果同学们的分数都很高,我的分数却很低。"

妈妈摸了摸陈东的头,说:"可是考大学不是按智商分,而是按成绩来分的,而且智商和能力是不相等的,聪明和笨也不能用智商来判定。"

"可是,我总觉得自己很笨,我和大家一样学习、复习,成绩却越来越差。"

妈妈语重心长地说:"那是因为你觉得自己不如别人,所以没有信心,不敢和别人比赛。从现在开始,你就应该这样对自己说:'只要我努力、认真,就一定能比别人学得好。'"

陈东半信半疑,但他还是接受了妈妈的建议,学习更加勤奋、认真了。一个月后,全校统考,他一下了就进入了班上前三名。

他把喜讯告诉妈妈,妈妈对他说:"你现在知道自己的能力了吧,其实你应该高兴的不是这次取得了好成绩,而是你能够战胜内心的失望。儿子,你要记住,什么时候都别放弃努力,因为生活始终存在着希望。"

人生总会遇到挫折,挫折并不可怕,可怕的是遇到挫折时一味地逃避,这只会使我们一蹶不振,甘心做挫折的奴隶。所以,在孩子的成长过程中,父母不仅要教会孩子正视挫折的存在,还要让他学会在挫折中找到希望,只有这样才能看到成功的曙光。

1. 给孩子创造受挫机会

进行挫折教育的目的,就是让孩子在现实生活中具备独立生存的能力,能独立面对挫折,较好地解决问题。每个孩子都能够具备独立抗击生活暴风雨的能力,关键在于父母是否给他创造了合适的机会。德国著名教育专家舒马赫曾说:"给孩子多多提供尝试机会也是实施挫折教育的有机组成部分。孩子一旦被剥夺了尝试的机会,也就等于被剥夺了犯错误和改正错误的机会,因此也不可能迈向成功之路。"

在给孩子创造挫折教育的机会时，要注意在利用自然情境进行挫折教育的同时，在平时的学习和生活中有意识地给孩子设置一些障碍，以此培养孩子的抗挫折能力。

2. 鼓励孩子克服困难和挫折

有的孩子在逆境中容易产生消极情绪，往往会垂头丧气，采取退避的方式。要改变这种情况，父母必须在孩子遇到困难时，引导孩子去寻找困境中的希望，教育孩子勇敢面对挫折，向困难发起挑战。当孩子一次次地战胜困难时，他就会增添勇气，激起战胜困难的愿望，打消害怕的心理，自信心大大增强。